신주 사마천 사기 26

백이열전

관안열전

노자한비열전

사마양저열전

손자오기열전

오자서열전

이 책은 롯데장학재단의 지원을 받아 번역, 출간되었습니다.

신주 사마천 사기 26 / 백이열전·관안열전·노자한비열전·
사마양저열전·손자오기열전·오자서열전

초판 1쇄 인쇄 2023년 10월 15일
초판 1쇄 발행 2023년 11월 10일

지은이   (본문) 사마천
              (삼가주석) 배인·사마정·장수절
번역 및 신주 한가람역사문화연구소 사기연구실

펴낸이   이덕일
펴낸곳   한가람역사문화연구소

등록번호   제2019-000147호
주소   서울특별시 종로구 김상옥로17 대호빌딩 신관 305호
전화   02) 711-1379
팩스   02) 704-1390
이메일   hgr4012@naver.com

ISBN   979-11-90777-39-1   94910

세계 최초
**삼가주석
완역**

신주
사마천
사기

㉖

백이열전 | 관안열전
노자한비열전 | 사마양저열전
손자오기열전 | 오자서열전

지은이
본문_ 사마천
삼가주석_ 배인·사마정·장수절
번역 및 신주
한가람역사문화연구소 사기연구실

한가람역사문화연구소

차례

사기 제63권 史記卷六十三
노자한비열전 老子韓非列傳

사기 제64권 史記卷六十四
사마양저열전 司馬穰苴列傳

사기 제65권 史記卷六十五
손자오기열전 孫子吳起列傳

사기 제66권 史記卷六十六
오자서열전 伍子胥列傳

新註史記

원 사료는 중화서국中華書局 발행의 《사기》와 영인본 《백납본사기百衲本史記》를 기본으로 삼고, 인터넷 사료로는 대만 중앙연구원 역사어언연구소歷史語言研究所에서 제공하는 한적전자문헌자료고漢籍電子文獻資料庫의 《사기》를 참조했다.

일러두기

❶ 네모 상자 안의 글은 사기 본문 및 삼가주석 서문의 글이다.

❷ 한글 번역문 바로 아래 한문 원문을 실어 쉽게 대조할 수 있게 했다.

❸ 삼가주석 아래 신주를 실어 우리 연구진의 새로운 해석을 달았다.

❹ 사기 분문뿐만 아니라 삼가주석도 필요할 경우 신주를 달았다.

❺ 직역을 원칙으로 삼고 의역은 최대한 피했다.

❻ 한문 원문에서 ( )는 빠져야 할 글자를, 〔 〕는 추가해야 할 글자를 나타낸다.

  예) 살펴보니 15개 읍은 이 두 읍에 가까웠다.

    案 十五邑近此(三)〔二〕邑

《사기》〈열전〉의 넓고 깊은 세계에 관하여

1. 시대별 〈열전〉의 세계

《사기》는 〈본기本紀〉, 〈표表〉, 〈서書〉, 〈세가世家〉, 〈열전列傳〉의 다섯 부분
으로 구성된 기전체紀傳體 역사서이다. 기전체라는 이름은 다섯 부분 중에
제왕의 사적인 〈본기〉와 신하의 사적인 〈열전〉이 중심이라는 사실을 시사
하고 있다. 〈본기〉가 북극성이라면 〈세가〉와 〈열전〉은 북극성을 향하는
뭇별이라는 구성이다. 〈열전〉은 모두 70편으로 구성되어 있지만 한 편의
〈열전〉에 여러 명을 수록하는 경우가 여럿이어서 실제 수록된 인물은
300명이 넘는다. 중국의 24사는 대부분 《사기》를 따라 기전체를 택하고
있지만 《사기》만의 독창적 내용이 적지 않다.

먼저 서술 시기를 보면 《사기》는 한 왕조사가 아니라 오제五帝부터 자
신이 살던 한무제漢武帝 시기까지 천하사天下史를 기술했기에 그 시기가
광범위한데, 이는 〈열전〉도 마찬가지다. 그래서 이를 시기별로 나누어
정리할 필요가 있다.

첫째 시기는 춘추春秋시대 이전부터 춘추시대까지 활동했던 여러 인물
이다. 〈백이열전伯夷列傳〉부터 〈중니제자열전仲尼弟子列傳〉까지 7편이
그런 경우로서 백이伯夷·숙제叔齊, 관중管仲, 안영晏嬰, 노자老子, 손자孫子,
오자서伍子胥, 공자孔子의 제자들 등이 이에 속한다.

둘째 시기는 전국戰國시대와 진秦 조정에서 활동한 인물들에 대해서
서술했다. 〈상군열전商君列傳〉부터 〈몽염열전蒙恬列傳〉까지 21편이 이런

경우로서 상앙商鞅, 소진蘇秦, 장의張儀, 백기白起, 왕전王剪, 전국 4공자, 여불위呂不韋, 이사李斯, 몽염蒙恬 등이 이에 속한다.

셋째 시기는 초楚와 한漢이 중원의 패권을 다투던 시기에 활동했던 인물들이다. 〈장이진여열전張耳陳餘列傳〉부터 〈전담열전田儋列傳〉까지 6편으로 장이, 진여, 한신韓信, 노관盧綰 등이 이에 속한다.

넷째 시기는 한고조 유방부터 경제景帝 때까지의 인물들을 서술하고 있다. 〈번역등관열전樊酈滕灌列傳〉부터 〈오왕비열전吳王濞列傳〉으로 번쾌樊噲, 육가陸賈, 계포季布, 유비劉濞 등이 이에 속한다.

다섯째 시기는 한무제 때의 인물들이다. 〈위기무안후열전魏其武安侯列傳〉 등으로 두영竇嬰, 이광李廣, 위청衛靑, 곽거병霍去病 등과 사마천 자신에 대해서 서술한 〈태사공자서太史公自序〉도 이 범주에 들 수 있다.

사마천은 한 사람의 인생 전부를 서술하는 개념으로 〈열전〉을 서술하지는 않았다. 그가 관심을 가진 것은 특정 인물이 어떤 사상을 가지고 한 시대를 어떻게 헤쳐 나갔는가, 또는 그 시대에 어떤 영향을 미쳤는가 하는 것이지 인생 전반을 세세하게 서술하는 것은 아니었다. 그러다보니 《사기》〈열전〉을 보면 한 인간의 역경을 통해서 그가 산 시대의 생생한 분위기도 엿볼 수 있다.

2. 〈백이열전〉을 첫머리로 삼은 이유

《사기》〈열전〉이 지금껏 인구에 회자되는 것은 사마천이 당위성만 추구한 것이 아니라 당위성과 실제 현실 사이의 괴리를 포착해 한 인물의 부침을 서술했기 때문이기도 할 것이다. 그가 〈열전〉의 첫머리를 〈백이열전〉으로 삼은 것은 〈세가〉의 첫머리를 〈오태백세가吳泰伯世家〉로 삼아 막내 계력季歷에게 왕위를 물려준 사양辭讓의 정신을 크게 높인 것과 마찬가지로 이利보다는 의義를 추구한 백이·숙제를 높인 것이다.

사마천은 제후가 아닌 공자를 〈공자세가〉로 높여 서술하고 〈중니제자열전〉과 〈유림열전儒林列傳〉도 서술해 유가儒家를 높이기도 하였다. 그러나 사마천은 단순히 유학을 높인 것이 아니라 유학에서 천하는 공公의 것이기에 자기 자식이 아니라 현명한 인물에게 자리를 넘겨주는 선양禪讓의 정신을 높게 산 것이다. 그래서 오제의 황제黃帝부터 요순堯舜까지 행해졌던 선양禪讓의 정신을 크게 높였다.

그러나 〈백이열전〉에서 사마천은 "백이·숙제는 남을 원망하지 않았다."는 공자의 말을 수록하면서도 사마천 자신은 공자의 견해에 동의하지 않고 백이·숙제의 뜻을 비통한 것으로 여겼다. 또한 그가 의문을 가진 것은 "하늘의 도道는 친함이 없고 항상 선한 사람과 함께한다."라고 했는데 선한 사람인 백이·숙제 같은 사람이 왜 굶어죽어야 했느냐는 질문이다. 그럼에도 불구하고 이利를 추구하는 삶보다 의義를 추구하는 삶이 중요하다는 생각에서 〈백이열전〉을 첫머리로 삼은 것이다.

〈백이열전〉뿐만 아니라 초나라를 끝까지 부흥시키려고 했던 〈춘신군열전春申君列傳〉이나 〈자객열전刺客列傳〉 등도 이에 속한다. 〈자객열전〉의

형가荊軻가 남긴 "장사 한 번 떠나면 다시 돌아오지 않으리[壯士一去兮
不復還]"라는 시가가 대일항전기 의열단원들이 목숨을 걸고 국내에 잠입
할 때 동지들과 나누던 시가라는 점은 시대와 장소를 넘어 의義의 실천에
목숨을 건 사람들이 깊은 동질감을 느꼈기 때문일 것이다.

3. 주제별 〈열전〉

〈열전〉 중에는 각 부문의 사람들을 주제별로 묶어서 서술한 〈열전〉이
적지 않다. 좋은 벼슬아치를 뜻하는 〈순리열전循吏列傳〉은 이후 많은 기
전체 역사서가 따라서 서술하고 있다. 후세 벼슬아치들에게 역사의 포상
이 가장 중요한 상으로 여기고 좋은 벼슬아치가 되려고 노력하라는 권고
의 뜻을 담고 있다. 또한 혹독한 벼슬아치를 뜻하는 〈혹리열전酷吏列傳〉은
반대로 역사의 비판이 가장 무거운 형벌임을 깨닫고 백성들을 가혹하게
대하거나 가렴주구를 하지 말라는 권고를 담고 있다.

사마천은 비록 유학을 높였지만 유자儒者는 칭송을 받는데 유협游俠은
비난을 받는 현실에 대해서도 불만이었다. 그래서 유협들도 수백 년이
지난 후에도 제사를 받든다면서 〈유협열전〉을 서술했다. 〈유협열전〉같은
경우 《사기》, 《한서》와 그 전편이 모두 전하지 않는 《위략魏略》 정도가
이어서 유협에 대해 서술하였고 이후의 역사서에서는 외면받았던 인물
들이다.

사마천은 또한 '기업가 열전'이라고 할 〈화식열전貨殖列傳〉을 서술했다는

이유로도 비판받았지만 그가 지금껏 역사가의 전범典範으로 대접받는 밑바탕에는 경제를 무시하지 않았던 역사관이 깔려 있었다. 그러나 〈화식열전〉은 이후 《사기》와 《한서》에서만 서술하고 있을 정도로 여러 사서는 벼슬아치와 학자만 높였지 사업가는 낮춰 보았던 것이 동양 유학 사회의 현실이었다.

《사기》에만 실려 있고, 다른 기전체 사서는 외면한 〈열전〉이 〈골계열전滑稽列傳〉, 〈일자열전日者列傳〉, 〈귀책열전龜策列傳〉이다. 〈골계열전〉은 보통 세속을 따르지 않고, 세상의 이익을 다투지 않는 것을 귀하게 여기는 사람들의 풍자정신에 대해 서술한 것으로 해석된다. 사마천이 보기에는 천문관측에 관한 〈일자열전〉이나 길흉을 점치는 복서卜筮에 대한 〈귀책열전〉도 나라를 다스리는데 필수적이라는 생각에서 이를 〈열전〉에 서술했다.

4. 위만조선만 서술한 〈조선열전〉

사마천이 〈열전〉에서 창안한 형식중 하나가 외국에 대한 〈열전〉이다. 사마천은 〈흉노열전匈奴列傳〉을 필두로 〈남월열전南越列傳〉, 〈동월열전東越列傳〉, 〈조선열전朝鮮列傳〉, 〈서남이열전西南夷列傳〉 등을 서술했다. 이 것이 공자가 《춘추》에서 높인 존주대의尊周大義와 함께 중국의 전통적인 화이관華夷觀을 만들어 낸 것으로 볼 수 있다.

그러나 사마천은 동이족이 분명한 삼황三皇을 배제하고 오제五帝부터 서술한 데에서 알 수 있는 것처럼 화하족華夏族의 뿌리를 찾기 어렵다는 현실에 부닥칠 수밖에 없었다. 그래서 때로는 이족夷族의 역사를 무리하게 화하족 역사로 편입시키려 노력했다. 한나라를 크게 괴롭혔던 흉노를 하夏나라의 선조 하후夏后의 후예로 서술하고, 남월, 동월 등도 그 뿌리를 모두 화하족과 연결되게 서술한 것은 이 때문일 것이다.

〈조선열전〉에서는 단군과 기자의 사적은 생략하고 연나라 출신 위만衛滿에 대해서만 서술했다. 사마천은 《사기》의 여러 부분에서 기자箕子에 대해 서술했고, 그가 존경하던 공자가 《논어》에서 기자를 미자微子, 비간比干과 함께 삼인三仁으로 꼽았으므로 그의 사적을 몰랐을 리 없다. 그러니 기자가 주무왕周武王에 의해 석방된 후 '조선朝鮮'으로 갔다는 사실을 몰랐을 리 없고 기자가 간 조선이 '단군조선檀君朝鮮'이라는 사실도 몰랐을 리 없다. 그러나 사마천은 단군과 기자는 생략하고 위만조선만 서술했다. 그럼에도 그가 〈조선열전〉이라도 서술했기에 우리는 위만조선과 한나라의 관계나 위만조선의 왕족과 귀족들이 왜 망국 후 한나라의 제후로 봉함을 받았는지 알 수 있게 되었다.

이제 〈열전〉을 내놓으면서 40권에 이르는 《신주 사마천 사기》의 대단원의 막이 내려진다. 《신주 사마천 사기》는 비단 지금까지 전 세계에서 발간된 가장 방대한 《사기》 번역서 및 주석서일 뿐만 아니라 그간 《사기》에서 놓쳤던 여러 관점과 사실에 대해 알 수 있다. 예를 들면 《사기》 본문 및 그 주석에 숱하게 드러나고 있는 이족夷族의 역사를 되도록 되살렸다는 내용면에서도 새로운 시도라고 자평할 수 있다. 《신주 사마천 사기》 완간을 계기로 사마천이 그렸던 천하사가 더욱 풍부해질 뿐만 아니라 《사기》 속에 숨어 있던 우리 선조들의 이야기가 우리 후손들의 가슴 속에 자리 잡게 된다면 망외의 소득이라고 말할 수 있을 것이다.

사기 제61권 史記卷六十一

백이열전 伯夷列傳

사기 제61권 백이열전 제1

史記卷六十一 伯夷列傳第一

［색은］ 열전은 신하의 사적을 나열하여 서술해서 후세에 전하도록 한 것이므로 '열전'이라고 한다.

列傳者 謂敍列人臣事跡 令可傳於後世 故曰列傳

［정의］ 그 사람의 행적을 차례로 나열해 놓았으므로 '열전'이라고 한다.

其人行跡可序列 故云列傳

［신주］ 백이는 은나라 국성인 자성子姓이며, 묵태씨墨胎氏이고 이름은 윤允으로 동이족이다. 고죽국 8대 임금의 장자이며, 형제는 아빙亞憑과 숙제叔齊가 있다. 아빙의 이름은 빙憑이고 백이의 동생이자 숙제의 형이다. 숙제는 이름이 치致이고 자는 공달公達이다. 이들은 은나라 설의 후손이다.

고죽국은 하夏대에 건립되었는데, 임금은 묵씨다. 묵씨는 묵이씨墨夷氏 또는 목이씨目夷氏로 문헌에 나타난다. 묵씨는 자성으로 은씨殷氏, 래씨來氏, 송씨宋氏, 공동씨空桐氏, 치씨稚氏, 북은씨北殷氏와 나뉘어 봉해졌다. 은나라와 동성 제후국이다.

백이는 숙제와 더불어 충정을 상징하는 의인이다. 고죽국의 왕은 삼남인 숙제에게 왕위를 물려주려 했는데, 아버지가 죽음에 이르자 숙제가 장남인 백이에게 왕위를 양보했다. 백이는 아버지의 명령이라면서 나라를 떠났고, 숙제도 즉위하지 않고 이남에게 왕위를 물려주고 도망갔다.

이때가 상나라 말기인데, 주무왕周武王이 문왕의 나무 신주를 수레에 싣고 은나라 정벌을 나서자 백이와 숙제는 무왕의 행차를 가로막고 부친의 장례를 치르지 않고 전쟁을 일으키는 것은 효라고 할 수 없으며, 신하가 임금을 시해하는 것은 인이 아니라고 말렸다. 무왕이 이들을 죽이려 하자 강태공이 의인이라며 무왕을 말렸다. 강태공의 도움으로 목숨을 건진 백이와 숙제는 무왕이 은나라를 멸망시키자 부끄럽게 여기고 수양산으로 들어가 고사리만 캐어 먹다 굶어죽었다. 이에 대한 고사가 〈채미가采薇歌〉이다. 백이 숙제가 고사리만 캐 먹다 굶어 죽었다는 수양산 위치에 대해서 여러 설이 있지만, 중국에서 현재 산서성 영제현으로 비정하고 있다.

고죽국은 은나라의 제후국이며, 은나라는 동이족이 세운 국가이다. 은나라 말기에는 세 명의 현인이 있었는데, 비간, 미자, 기자이다. 이들은 왕족으로 은나라 주왕의 포정이 계속되자 간언을 하다 비간은 처형당하고, 미자와 기자는 투옥되었다. 주무왕은 은나라를 멸망시키고 미자와 기자를 석방하고 미자를 송나라에 제후로 봉했다. 무왕은 기자도 신하로 삼고자 했는데 기자는 거부하고 조선으로 망명했다. 이에 주무왕은 기자를 조선후로 봉했다고 《상서대전》과 《사기》〈송미자세가〉에서 전하고 있다. 그러나 이것은 공자 이래로 역사를 기술하는 춘추필법에 의한 것이다. 기자가 망명해서 조선을 건국한 것이 아니라 이미 존재하는 조선으로 망명한 것이므로 이 조선은 단군조선이 분명하다. 조선은 주나라의 제후국이 아니라 황제국인데 중국은 춘추필법에 의해 주나라의 제후국인양 서술하고 있는 것이다.

기자의 망명지는 우리 역사에서 매우 중요하다. 고조선의 서쪽 강역을 알 수 있는 지표이기 때문이다. 장수절은 〈유경숙손통열전〉에서 고죽국에 대해서 주석하기를 "평주에 있는데, 동해 바닷가에 있다.[伯夷孤竹國在平州 皆濱東海也]"고 했다. 현재 중국 학계는 기자가 망명한 고죽국의 수도 자리를 하북성 노룡현盧龍縣으로 비정하고 있는데, 이 지역은 명나라 때 영평부였다. 영평부는 노룡, 천안, 무령, 창려, 난주 등의 다섯 개의 현을 거느렸다. 노룡현은 오늘날 하북성 산해관 근처에 있는 도시이다. 노룡현에는 아직까지 백이정伯夷井이라는 우물과 백이묘伯夷廟라는 비석이 있다.

굶어죽은 백이숙제

대저 학문을 하는 자에게 서적은 지극히 많지만 오히려 참고하여 믿을 것이 육예六藝에는 있다. 《시경》과 《상서》에 비록 없어진 것이 있다고 하더라도① 그리하여 우虞 시대와 하夏 시대의 문물을 알 수 있는 것이다.②

요임금은 제왕의 자리를 양보하여 우순虞舜에게 물려주었다. 순임금과 우임금 사이에는 사악四岳과 주목州牧이 함께 천거하면 자리를 주어 시험했는데, 직분을 맡겨 수십 년을 거쳐③ 공적이 이미 일어난 다음에야 정권을 물려주었다. 천하는 중기重器(귀중한 기구)이고 왕이 된 자는 대통을 계승한 것이니④ 천하를 전하는 것은 이처럼 어려운 것이다.

夫學者載籍極博 猶考信於六藝 詩書雖缺① 然虞夏之文可知也② 堯將遜位 讓於虞舜 舜禹之間 岳牧咸薦 乃試之於位 典職數十年③ 功用旣興 然後授政 示天下重器 王者大統④ 傳天下若斯之難也

---

① 詩書雖缺시서수결

색은 살펴보니 〈공자세가〉에서 옛 시는 3,000여 편이 있었는데 공자께서 삭제해서 305편으로 《시경》을 만들었다는데, 지금은 5편이 없어졌다.

또 《서위》에는 공자께서 황제黃帝의 현손 제괴帝魁의 글을 구해 얻었는데 진목공秦穆公 때까지 총 3,330편이라고 하였다. 이에 공자께서 삭제하고 100편으로써 《상서》를 만들었는데 18편은 〈중후中候〉 편으로 만들었다. 지금은 100편 가운데 42편이 없어졌으며, 이것이 《시경》과 《상서》에 또 없어진 것이 있다고 한 것이다.

按 孔子系家稱古詩三千餘篇 孔子刪三百五篇爲詩 今亡五篇 又書緯稱孔子求得黃帝玄孫帝魁之書 迄秦穆公 凡三千三百三十篇 乃刪以一百篇爲尙書 十八篇爲中候 今百篇之內見亡四十二篇 是詩書又有缺亡者也

② 虞夏之文可知也우하지문가지야

색은 살펴보니 《상서》에는 〈요전〉, 〈순전〉, 〈대우모〉가 있는데 우虞와 하夏가 선양한 일을 갖추어 말했다. 그러므로 "우와 하 시대의 문물을 알 수 있다."라고 일렀다.

按 尙書有堯典舜典大禹謨 備言虞夏禪讓之事 故云虞夏之文可知也

③ 典職數十年전직수십년

정의 순과 우는 모두 직임을 맡은 지 20여 년이 된 연후에 제위에 올랐다.

舜禹皆典職事二十餘年 然後踐帝位

④ 示天下重器 王者大統시천하중기 왕자대통

색은 천하는 곧 왕이 된 자의 중기重器(귀중한 기구)라는 말이다. 그러므로 《장자》에 "천하대기"라고 한 것이 이것이다. 곧 대기는 또한 중기이다.

言天下者是王者之重器 故莊子云天下大器是也 則大器亦重器也

설명하는 자들은 요임금이 천하를 허유許由에게 물려주려 했는데,[①] "허유가 받지 않고 부끄럽게 여겨서 도망쳐 숨었다고 한다. 하나라 때 이르러 변수卞隨와 무광務光이란 자[②]가 있었다. 이들은 어찌 칭송받는가?

태사공이 말한다. 내가[③] 기산箕山에 올랐는데 그 산 위에 허유의 무덤이 있다고 하였다. 공자께서 옛날의 어진 성인과 현인을 차례로 나열하면서 오태백吳太伯과 백이伯夷같은 사람들의 윤리를 자세히 기록했다. 하지만 내가 들은 허유와 무광[④]의 의리는 지극히 높은데[⑤] 그 문사에서 조금도 볼 수 없는 것은 어째서일까?[⑥]

而說者曰堯讓天下於許由[①] 許由不受 恥之逃隱 及夏之時 有卞隨務光者[②] 此何以稱焉 太史公曰 余[③]登箕山 其上蓋有許由冢云 孔子序列古之仁聖賢人 如吳太伯伯夷之倫詳矣 余以所聞由光[④]義至高[⑤] 其文辭不少槪見 何哉[⑥]

① 堯讓天下於許由요양천하어허유

정의 황보밀의 《고사전》에서 말한다. "허유의 자는 무중武仲이다. 요임금이 천하를 맡긴다는 소식을 듣고 사양하고 이에 물러나 중악中嶽의 영수潁水 북쪽으로 도망쳐 기산箕山 아래에 숨었다. 요임금이 또 불러서 구주장九州長으로 삼았는데 허유는 들으려고 하지 않았고 영수潁水 물가에서 귀를 씻었다. 당시에 소보巢父가 송아지를 이끌고 물을 먹이려고 하다가 허유가 귀를 씻는 것을 보고 그 까닭을 물었다. 대답하기를 '요가 나를 불러서 구주장으로 삼고자 한다는데 그 소리를 듣기가 싫어서 귀를 씻는 것이오.'라고 했다. 소보가 말하기를 '그대가 만약 높은 언덕이나 깊은 계곡에 거처해 사람의 도가 통하지 않게 되면 누가 그대를 볼 수 있겠소. 그대는 일부러 떠돌아다녀서 그런 소식을 듣기를 바라서 그 명예를 구하고자 하는 것이오. 내 송아지 입을 더럽혔구려.'라고 했다. 이에 송아지를 이끌고 상류에서 물을 먹였다. 허유가 죽자 이 산에 장례 지냈는데 이름이 또한 허유산許由山이다." (기산은) 낙주洛州 양성현 남쪽 13리에 있다.

皇甫謐高士傳云 許由字武仲 堯聞致天下而讓焉 乃退而遁於中嶽潁水之陽 箕山之下隱 堯又召爲九州長 由不欲聞之 洗耳於潁水濱 時有巢父牽犢欲飲之 見由洗耳 問其故 對曰 堯欲召我爲九州長 惡聞其聲 是故洗耳 巢父曰 子若處高岸深谷 人道不通 誰能見子 子故浮游 欲聞求其名譽 污吾犢口 牽犢上流飲之 許由歿 葬此山 亦名許由山 在洛州陽城縣南十三里

② 卞隨務光者변수무광자

[색은] 살펴보니 '설자說者'는 제자諸子의 잡다한 기록을 이른다. 그래서 요임금은 천하를 허유에게 물려준 일이 있었고, 하나라 때 변수와 무광 등이 있었는데 은나라 탕왕이 천하를 넘겨주자 모두 받지 않고 도망쳤다. 구체적인 일은 《장자》〈양왕〉 편에 있다.

按 說者謂諸子雜記也 然堯讓於許由 及夏時有卞隨務光等 殷湯讓之天下 竝不受而逃 事具莊周讓王篇

[정의] 경서와 사서에 오직 백이와 숙제를 일컫고 허유, 변수, 무광은 조금도 보이지 않으니 어째서일까? 그러므로 "왜 칭송받는가?"라고 말하여 그들이 칭송되지 않는 것을 설명했다.

經史唯稱伯夷叔齊 不及許由卞隨務光者 不少槪見 何以哉 故言何以稱焉 爲不稱說之也

③ 余여

색은 대개 양운, 동방삭이 그의 문장에 '여余'라고 칭한 것이 보이는데 "태사공왈太史公曰"에 더한 것이다.

蓋楊惲東方朔見其文稱余 而加太史公曰也

④ 所聞由光소문유광

색은 태사공이 장주莊周가 설명한 허유와 무광 등에 대해 들은 것을 이른다.

謂太史公聞莊周所說許由務光等

⑤ 余以所聞~由光義至高여이소문~유광의지고

색은 요임금이 천하를 허유에게 물려주자 허유는 마침내 기산箕山으로 도망쳐 영수潁水에서 귀를 씻었고, 변수는 동수桐水에 스스로 몸을 던졌으며, 무광은 돌을 지고 스스로 노수盧水에 빠져 죽었다. 이것을 의義가 지극히 높다고 이른 것이다.

謂堯讓天下於許由 由遂逃箕山 洗耳於潁水 卞隨自投於桐水 務光負石自沈於 盧水 是義至高

신주 《사기지의》에서 말한다. "허유와 변수와 무광의 일은 전국시대 제자백가에서 나왔는데 후세 사람들이 함부로 가필하여 꾸민 단서가 많다. 태사공은 아마 또한 그 설명에 의문을 가졌을 뿐이다."

⑥ 不少概見 何哉불소개견 하재

색은 살펴보니 개概는 경개梗概이고 대략을 이른다. 아마 허유와 무광 의 의義는 지극히 높은데, 《시경》과 《상서》의 문장에는 마침내 조금도

실린 것이 보이지 않으니, 어찌 이와 같은가? 이것은 태사공이 설명한 자의 말을 의심하고 또 아니라고 한 것이라는 말이다.

按 槪是梗槪 謂略也 蓋以由光義至高 而詩書之文辭逐不少梗槪載見 何以如此 哉 是太史公疑說者之言或非實也

┌─────┐
│ 정의 │ 槪의 발음은 '개[古代反]'이다.
└─────┘

槪 古代反

공자께서 말씀하셨다.

"백이와 숙제는 지난날의 악惡을 마음에 두지 않았으므로 원망을 품는 일이 드물었다."

"인仁을 구하여 인을 얻었는데 또 무엇을 원망하겠는가."

나는 백이의 뜻을 슬퍼하며, 《시경》에서 빠뜨린 시를 보면 다름을 알 수 있다.[①] 그 전기에서 말한다. 백이와 숙제는 고죽군孤竹君의 두 아들이다.[②] 아버지는 숙제를 세우려고 했는데 아버지가 죽자 숙제는 백이에게 양보했다. 백이가 말했다.

"아버지의 명령이다."

마침내 도망쳐 떠났다. 숙제도 기꺼이 즉위하지 않고 도망쳤다. 나라 사람들이 그의 둘째 아들을 세웠다.

孔子曰 伯夷叔齊 不念舊惡 怨是用希 求仁得仁 又何怨乎 余悲伯夷之 意 睹軼詩可異焉[①] 其傳曰 伯夷叔齊 孤竹君之二子也[②] 父欲立叔齊 及 父卒 叔齊讓伯夷 伯夷曰 父命也 遂逃去 叔齊亦不肯立而逃之 國人立 其中子

① 睹軼詩可異焉도일시가이언

색은 그의 형제가 서로 양보하고 또 의리로 주나라 곡식을 먹지 않고 굶어 죽은 것을 슬퍼한다고 이른 것이다. 睹의 발음은 '도覩'이고 軼의 발음은 '일逸'이다. 빠뜨린 시를 보았다고 하는데, 곧 아래 〈채미〉이다. 《시경》(시 300편)에 편입되지 않았으므로 빠뜨린 시라고 했다. "다름을 알 수 있다."라는 것은 살펴보니 《논어》에서 말한 "인仁을 구해서 인을 얻었는데 또 무엇을 원망하겠는가."라는 것이다. 지금 그 시에 이르기를 "나는 어디로 돌아가야 하겠는가? 아 죽을 때가 되었구나! 명이 시들었으니." 라고 했다. 이것은 원망하는 말이다. 그러므로 "다름을 알 수 있다."라고 한 것이다.

謂悲其兄弟相讓 又義不食周粟而餓死 睹音覩 軼音逸 謂見逸詩之文 即下采薇之詩是也 不編入三百篇 故云逸詩也 可異焉者 按論語云求仁得仁 又何怨乎 今其詩云我安適歸矣 于嗟徂兮 命之衰矣 是怨詞也 故云可異焉

② 孤竹君之二子也고죽군지이자야

색은 살펴보니 '그 전기'는 아마 《한시외전》과 《여씨춘추》일 것이다. 그 전기에 이르기를, 고죽군孤竹君은 곧 은나라 탕왕 3월 병인일에 봉해졌다. 전해서 백이와 숙제의 아버지에 이르렀는데 이름은 초初이고 자는 자조子朝이다. 백이의 이름은 윤允이고 자는 공신公信이다. 숙제의 이름은 치致이고 자는 공달公達이다. 해설한 자는 이르기를 이夷와 제齊는 시호이다. 백伯과 중仲은 또 맏아들과 작은아들의 자字라고 했다. 살펴보니 〈지리지〉에는 고죽성이 요서군 영지현令支縣에 있다고 되어있다. 응소는 백이伯夷의 나라라고 일렀다. 그 군주의 성姓은 묵태씨墨胎氏이다.

按 其傳蓋韓詩外傳及呂氏春秋也 其傳云孤竹君 是殷湯三月丙寅日所封 相傳
至夷齊之父 名初 字子朝 伯夷名允 字公信 叔齊名致 字公達 解者云夷 齊 諡也
伯 仲 又其長少之字 按 地理志孤竹城在遼西令支縣 應劭云伯夷之國也 其君
姓墨胎氏

정의 본래 앞의 주석 '병인'은 '은나라 탕왕 정월 3일 병인'으로 되어 있다.
《괄지지》에서 말한다. "고죽 옛 성은 노룡현盧龍縣 남쪽 12리에 있는데
은나라 때 제후국인 고죽국이다."

本前注丙寅作殷湯正月三日丙寅 括地志云 孤竹古城在盧龍縣南十二里 殷時
諸侯孤竹國也

신주 고죽성의 위치에 대해서는 평주 노룡현이라는 설과 요서군 영지
현이라는 두 설이 있었다. 〈제태공세가〉에는 제환공이 연나라의 요청을
받아 산융을 정벌하고 고죽국에 이르렀다가 돌아왔다는 기사가 있다.
영지는 원래 산융의 속국으로 진나라 때 요서군에 속해 있다가 삼국 때
비여현肥如縣이 되었는데, 중국 기록들은 후대에 크게 확장되므로 지금
정확한 위치를 찾기는 쉽지 않다. 중국 학계에서는 고죽국이 하북성 동
북부와 요녕성 서부지역에 걸쳐 있었다고 보고 있는데, 현재의 요녕성을
중국 고대의 역사무대로 보는 것은 고구려 멸망 이후의 인식이므로 정확
하지 않다. 다만 고죽국은 은殷나라 문화와 깊은 관련이 있는 동이족 국
가였다는 것은 분명하다.

이에 백이와 숙제는 서백 창昌이 노인을 잘 봉양한다는 말을 듣고
'어찌 그곳으로 가기를 의심하여 의탁하지 않는가.'라고 했다.①

서백이 죽자 무왕은 나무 신주를 수레에 싣고 문왕으로 추존하여 호칭하고 동쪽으로 주紂를 정벌하려 했다. 백이와 숙제가 말고삐를 잡아당기며 간했다.

"아버지가 죽었는데 장례도 치르지 않고[2] 이에 전쟁을 일으키니 효라고 할 수 있습니까? 신하로서 임금을 시해하는 것을 인仁이라고 할 수 있습니까?"

무왕의 좌우 신하들이 병기로 죽이고자 했다. 태공太公이 말했다.

"이 사람들은 의인입니다."

그들을 부축해서 떠나보냈다.

於是伯夷叔齊聞西伯昌善養老 盍往歸焉[1] 及至 西伯卒 武王載木主 號爲文王 東伐紂 伯夷叔齊叩馬而諫曰 父死不葬[2] 爰及干戈 可謂孝乎 以臣弑君 可謂仁乎 左右欲兵之 太公曰 此義人也 扶而去之

① 盍往歸焉합왕귀언

색은 유씨는 말했다. "합盍은 말을 의심한다는 뜻이다. 대개 연로한 사람들이 서백에게 나아가 의탁한다는 말이다."

劉氏云 盍者 疑辭 蓋謂其年老歸就西伯也

② 父死不葬부사부장

신주 사서를 검토하면 무왕이 은나라를 친 것은 그가 즉위하고 한참 뒤이다. 《사기지의》에 따르면 자리를 이은 뒤 이미 11년이 지났다고 한다. 〈주본기〉 등에도 즉위 직후에 치지는 않았음을 알 수 있게 기록하고 있다.

무왕이 은나라의 난을 평정하고 나자 천하에서 주나라를 종주로 삼았다. 그러나 백이와 숙제는 이를 부끄럽게 여기고 의리로써 주나라 곡식을 먹지 않고 수양산首陽山에 숨어서[1] 고사리를 캐어 먹었다.[2] 굶주려서 죽음에 이르러 노래를 지었는데 그 노래에서 읊었다.

"저 서산에 올라[3] 그 고사리를 캐노라.

폭력으로 폭력을 바꾸면서도 그 잘못을 알지 못하네.[4]

신농, 우, 하는 홀연히 사라졌는데 나는 어디로 돌아갈까?[5]

아아! 가자꾸나. 명이 시들었네.[6]"

마침내 수양산에서 굶주려 죽었다. 이로 말미암아 살펴보면 원망하는 것인가? 아닌가?[7]

武王已平殷亂 天下宗周 而伯夷叔齊恥之 義不食周粟 隱於首陽山[1] 采薇而食之[2] 及餓且死 作歌 其辭曰 登彼西山兮[3] 采其薇矣 以暴易暴兮 不知其非矣[4] 神農虞夏忽焉沒兮 我安適歸矣[5] 于嗟徂兮 命之衰矣[6] 遂餓死於首陽山 由此觀之 怨邪非邪[7]

① 隱於首陽山은어수양산

[집해] 마융이 말했다. "수양산은 하동군 포판현 화산華山 북쪽의 하곡河曲 안에 있다."

馬融曰 首陽山在河東蒲阪華山之北 河曲之中

[정의] 조대가가 《유통부》에 주석하였다. "백이와 숙제는 수양산에서 굶어 죽었는데 (수양산은) 농서隴西 첫머리에 있다." 또 대연지의 《서정기》에서 말한다. "낙양 동북쪽 수양산에 이제사夷齊祠가 있다." 지금 언사현

偃師縣 서북쪽이다. 또《맹자》에서 말한다. "백이와 숙제는 주紂를 피해 북해北海 바닷가에서 살았다. 수양산은《설문》에서 수양산은 "요서遼西 에 있다."라고 했다. 사서와 전기 및 여러 서적에서, 백이와 숙제는 수양 산에서 굶어 죽었다는데 모두 다섯 곳이며, 각각 살펴서 근거한 것이 있 지만 선후는 자세하지는 않다.

《장자》에서 말한다. "백이와 숙제는 서쪽 기양岐陽에 이르러 주나라 무왕이 은나라를 정벌하려는 것을 보고 '내가 들으니 옛날 사인士人은 세상이 다스려지는 때를 만나면 그 임무를 피하지 않았고 어지러운 세 상을 만나면 구차하게 머물려고 하지 않았다고 한다. 지금 천하는 어둡 고 주나라 덕은 쇠약하니 주나라와 더불어 내 몸을 더럽히는 것보다 피 해서 나의 행동을 깨끗하게 하는 것만 같지 못할 것이다.'라고 하면서 두 사람은 북쪽으로 수양산에 이르러 마침내 굶주려서 죽었다." 또 아래의 시에 "저 서산에 올랐다."라고 했는데 이곳이 지금의 청원현淸源縣 수양 산으로서 기양岐陽 서북쪽에 있으며 곧 백이와 숙제가 굶주려 죽은 곳이 명백하다.

曹大家注幽通賦云 夷齊餓於首陽山 在隴西首 又戴延之西征記云 洛陽東北首
陽山有夷齊祠 今在偃師縣西北 又孟子云 夷齊避紂 居北海之濱 首陽山 說文
云首陽山在遼西 史傳及諸書 夷齊餓於首陽凡五所 各有案據 先後不詳 莊子云
伯夷叔齊西至岐陽 見周武王伐殷 曰 吾聞古之士 遭治世不避其任 遇亂世不爲
苟存 今天下闇 周德衰 其竝乎周以塗吾身也 不若避之以絜吾行 二子北至于首
陽之山 遂飢餓而死 又下詩登彼西山 是今淸源縣首陽山 在岐陽西北 明卽夷齊
餓死處也

② 采薇而食之채미이식지

색은 미薇는 고사리이다. 《이아》에서 말한다. "궐蕨은 갓 난 고사리이다."

薇 蕨也 爾雅云 蕨 鼈也

정의 육기의 《모시》'초목소'에서 말한다. "미薇는 산나물이다. 줄기와 잎사귀는 모두 팥과 같고 덩굴로 자라는데 그 맛은 또한 팥잎과 같으며 국을 끓일 수 있고 생식도 할 수 있다."

陸璣毛詩草木疏云 薇 山菜也 莖葉皆似小豆 蔓生 其味亦如小豆藿 可作羹 亦可生食也

③ 登彼西山兮등피서산혜

색은 살펴보니 서산은 곧 수양산이다.

按 西山卽首陽山也

④ 不知其非矣부지기비의

색은 무왕은 해로운 신하로 해로운 군주인 은나라 주紂를 바꾸면서 스스로 그것이 잘못이라는 것을 알지 못한다는 것을 이른다.

謂以武王之暴臣易殷紂之暴主 而不自知其非矣

⑤ 神農虞夏～我安適歸矣신농우하～아안적귀의

색은 복희, 신농, 우, 하의 선양의 도道를 돈후하고 질박했지만 멀고 아득히 오래되어 마침내 사라졌다는 말이다. 지금 여기서 군주와 신하가 쟁탈하는 것을 만났으니 나는 어디로 돌아갈 것인가라는 말이다.

言羲農虞夏敦樸禪讓之道 超忽久矣 終沒矣 今逢此君臣爭奪 故我安適歸矣

⑥ 于嗟徂兮 命之衰矣우차저혜 명지쇠의

색은 우차于嗟는 탄식하는 말이다. 저徂는 가는 것이고 죽는 것이다.
자신이 오늘날 굶주려 죽는 것은 또한 이 운명이 시들어 대도大道의 시
기를 만나지 못했으니 깊은 근심에 이르러 굶주려 죽는다는 말이다.
于嗟 嗟嘆之辭也 徂者 往也 死也 言已今日餓死 亦是運命衰薄 不遇大道之時
至幽憂而餓死

⑦ 怨邪非邪원야비야

색은 태사공은 자신이 이 시의 정서를 관찰해보니 백이와 숙제가 가서
이처럼 원망할 바가 있었는지, 또 그가 이처럼 원망할 바가 아니었다고
이른 것인지를 의심한다는 말이다.
太史公言已觀此詩之情 夷齊之行似是有所怨邪 又疑其云非是怨邪

제
二
장

천도란 무엇인가

어떤 이가 말했다.

"하늘의 도道에는 친함이 없어 항상 선한 사람과 함께한다."

백이와 숙제라면 선한 사람이라고 할 수 있지 않을까?① 인仁을 쌓고 행동을 깨끗하게 함이 이와 같은데 굶주려 죽다니! 70명의 제자 중에서 중니仲尼는 유독 안연顔淵만을 치켜세워 학문을 좋아한다고 했다. 그러나 안회는 자주 끼니를 걸렀고 지게미와 쌀겨마저 실컷 먹지 못하다가② 끝내 요절했다. 하늘이 선한 사람에게 베풀어 보답하는 것이 어찌 이와 같은가.

도척盜跖③은 날마다 죄 없는 사람을 죽이고 사람의 간을 회 쳐 먹었으며④ 포악스럽고 모질고 방자하면서 남을 흘겨보는⑤ 무리 수천 명을 모아 천하를 휘젓고 다녔어도 끝내 천수를 누리고 생을 마쳤다.⑥ 이는 어떠한 덕을 따른 것인가?⑦ 이것은 매우 명백하게 드러난 증거인 것이다.⑧

或曰 天道無親 常與善人 若伯夷叔齊 可謂善人者非邪① 積仁絜行如此而餓死 且七十子之徒 仲尼獨薦顔淵爲好學 然回也屢空 糟穅不厭②

> 而卒蚤夭 天之報施善人 其何如哉 盜蹠[3]日殺不辜 肝人之肉[4] 暴戾恣
> 睢[5] 聚黨數千人橫行天下 竟以壽終[6] 是遵何德哉[7] 此其尤大彰明較
> 著者也[8]

① 可謂善人者非邪가위선인자비야

[색은] 또 순서대로 논하기를, 백이와 숙제의 행동이 이와 같았다면 선한
사람이라고 이를 것인지, 또는 선한 사람이 아니라고 이를 것인지 또한
의심한 것이다.

又敍論云若夷齊之行如此 可謂善人者邪 又非善人者邪 亦疑也

② 糟穅不厭조강불염

[색은] 염厭은 실컷 먹는 것이다. 불염不厭은 배불리 먹지 못한 것을 이
른다. 지게미와 쌀겨는 가난한 자들이 먹는 음식이다. 그래서 '조강지
처糟穅之妻'라고 하는 것이 이것이다. 그러나 안회는 한 소쿠리의 밥을
먹고 표주박의 물을 마셨을 뿐이지 또한 '조강糟穅'의 문장을 보지 못
했다.

厭者 飫也 不厭謂不飽也 糟穅 貧者之所餐也 故曰糟穅之妻是也 然顔生簞食
瓢飮 亦未見糟穅之文也

③ 盜蹠도척

[색은] 척蹠은 주석에는 '척跖'으로 되어 있는데 모두 '적[之石反]'으로 발음
한다. 살펴보니 도척은 노나라 유하혜柳下惠의 아우인데 또한 《장자》에도
나오며 편명으로 삼았다.

蹠及注作跖 竝音之石反 按 盜蹠 柳下惠之弟 亦見莊子 爲篇名

[정의] 살펴보니 척蹠이란 황제黃帝 때에 큰 도적의 이름이다. 유하혜의 아우로서 천하의 큰 도적으로 여겼다. 그러므로 세상에서는 옛날을 모방해서 도적이라고 불렀다.

按 蹠者 黃帝時大盜之名 以柳下惠弟爲天下大盜 故世放古 號之盜蹠

④ 肝人之肉간인지육

[색은] 유씨는 사람의 살을 취해서 생간生肝으로 만든 것을 이른다고 했는데, 잘못된 것이다. 살펴보니 《장자》에서 말한다. "도척이 바야흐로 부하들을 태산 남쪽에서 휴식시키면서 사람의 간을 회쳐서 먹었다."

劉氏云謂取人肉爲生肝 非也 按 莊子云跖方休卒太山之陽 膾人肝而餔之

⑤ 暴戾恣睢폭려자휴

[색은] 폭려暴戾는 흉포하고 악독하고 모진 것을 이른다. 추탄생은 恣의 발음은 '자資'이고 睢의 발음은 '쳐[千餘反]'라고 했다. 유씨는 恣의 발음은 통상 발음대로 하고, 睢의 발음은 '혜[休季反]'라고 했다. 자휴恣睢는 멋대로 행동하고 사납게 흘겨보는 모양을 이른다.

暴戾謂兇暴而惡戾也 鄒誕生恣音資 睢音千餘反 劉氏恣音如字 睢音休季反 恣睢謂恣行爲睢惡之貌也

[정의] 휴睢는 눈의 흰자를 치켜뜨는 것으로 성난 모양이다. 도척은 흉포하고 악독하고 모질어서 성질을 멋대로 부리고 눈을 치켜떠서 성낸다고 말한 것이다.

睢 仰白目 怒貌也 言盜蹠兇暴 惡戾 恣性 怒白目也

⑥ 竟以壽終경이수종

집해 《황람》에서 말한다. "도척 무덤은 하동군 대양大陽에 있는데 하곡河曲에 닿아 있으며, (물을 건너) 곧바로 홍농군 화음현 동향潼鄕이다." 살펴보니 도척은 곧 유하혜의 아우이다.

皇覽曰 盜跖冢在河東大陽 臨河曲 直弘農華陰縣潼鄕 按 盜跖卽柳下惠弟也

색은 直의 발음은 통상 발음대로 하는데, 직直은 '똑바로'라는 뜻이다. 어떤 이는 '치値'라고 발음했는데 잘못된 것이다. 潼의 발음은 '동同'이다. 살펴보니 동潼은 물 이름인데, 그에 따라 향鄕이 되었는데, 지금 동진관 潼津關이 이곳으로 또한 현縣이 되었다.

直音如字 直者 當也 或音值 非也 潼音同 按 潼 水名 因爲鄕 今之潼津關是 亦 爲縣也

정의 《괄지지》에서 말한다. "도척 무덤은 섬주陝州 하북현 서쪽 20리에 있다. 하북현은 본래 한漢나라 대양현大陽縣이다. 또 지금 제주齊州 평릉 현에 도척 무덤이 있는데 자세하지 않다."

括地志云 盜跖冢在陝州河北縣西二十里 河北縣本漢大陽縣也 又今齊州平陵 縣有盜跖冢 未詳也

신주 동진관 혹은 동관은 진秦나라 이전의 옛 함곡관이다. 한나라 때 함곡관을 동쪽 낙양 가까이로 옮겼다. 그래서 옛 함곡관을 동관이라 불 렀다. 그 위치는 하수가 남쪽으로 흐르다가 동쪽으로 꺾어지는 부근이 므로 '하곡'이라 한다.

⑦ 是遵何德哉시준하덕재

색은 도척은 무도하여 천하를 휘젓고 다녔는데도 마침내 천수를 누리 고 죽었는데, 이것은 그 사람이 어떤 덕을 따라 행해서 이에 이르렀는가라는 말이다.

言盜蹠無道 橫行天下 竟以壽終 是其人遵行何德而致此哉

⑧ 大彰明較著者也대창명교저자야

색은 살펴보니 교較는 명명이다. 백이는 덕이 있지만 굶주려 죽었고 도척은 모질고 사나웠지만 천수를 누리고 죽었으니, 이것은 현명한 자는 불우하고 악한 도는 길게 이어지는 것이 더욱 크게 드러나 명백한 증거가 되었다는 것이다.

按 較 明也 言伯夷有德而餓死 盜蹠暴戾而壽終 是賢不遇而惡道長 尤大著明之證也

근세에 이르러서도, 절조와 행실이 법도를 따르지 않고 오로지 꺼리는 것을 범하였는데도 자신이 죽을 때까지 안락하게 지냈으며① 부귀함이 여러 대를 이어도 단절되지 않았다.

어떤 이는 땅을 가려서 밟고,② 때가 된 연후에 말을 하고,③ 행동을 지름길로 가듯이 하지 않고④ 공정한 일이 아니라도 분노를 발산하지 않았는데 재앙을 만난 자는 셀 수 없을 지경이다.⑤ 내가 깊은 의혹을 가지는 것이 만일 하늘의 도라고 이른다면 옳은 것인가, 그른 것인가?⑥

若至近世 操行不軌 專犯忌諱 而終身逸樂① 富厚累世不絶 或擇地而蹈之② 時然後出言③ 行不由徑④ 非公正不發憤 而遇禍災者 不可勝數也⑤
余甚惑焉 儻所謂天道 是邪非邪⑥

① 終身逸樂종신일락

색은 노환공, 초영왕, 진헌공, 제양공을 모두 이것에 견준다는 것을 이른다.

謂若魯桓楚靈晉獻齊襄之比皆是

② 擇地而蹈之택지이도지

색은 어두운 군주일 때 벼슬하지 않고 도천盜泉에서 마시지 않고 발을 높은 산의 봉우리에 숨기고 자취를 푸른 바다의 물가에 숨기는 것을 이른다.

謂不仕暗君 不飲盜泉 裹足高山之頂 竄跡滄海之濱是也

정의 북곽락과 포초 등을 이른다.

謂北郭駱鮑焦等是也

③ 時然後出言시연후출언

색은 살펴보니 《논어》에서 말한다. "선생님은 말할 때가 된 뒤에 말한다."

按 論語夫子時然後言

④ 行不由徑행불유경

색은 살펴보니 《논어》에서 담대멸명의 행동이다.

按 論語澹臺滅明之行也

신주 담대멸명은 공자의 제자인데, 지름길로 가로질러 가지 않았다고 한다.

⑤ 非公正~不可勝數也비공정~불가승수야

신하 된 절도는 공정한 일이 아니면 감격하거나 발분하지 않는
다는 것을 이른다. 어떤 이는 충성된 말을 내고 어떤 이는 자신의 명을
바쳐도 마침내 재앙을 당하는 것이 다 셀 수가 없는 것이다. 관용봉, 왕
자 비간, 굴평, 오자서의 무리를 이른다.

謂人臣之節 非公正之事不感激發憤 或出忠言 或致身命 而卒遇禍災者 不可勝
數 謂龍逢比干屈平伍胥之屬是也

⑥ 儻所謂天道 是邪非邪당소위천도 시야비야

색은 태사공은 법도를 벗어났지만 안락하게 지내고 공정하게 했는데
도 재해를 당하니, 천도는 그른 것인가 아니면 옳은 것인가에 대해 깊이
의혹한 것이다. 대개 천도天道는 현묘하고 심원하여 밝게 듣는 것을 잠시
그만두기도 하고 혹 궁하고 통하는 것을 자주 만나는데 일에 말미암지
않는 까닭에 선을 행해도 반드시 복이 되지 않고 악을 행해도 반드시 재
앙이 되지 않는다. 그러므로 선대의 통달한 자들 모두가 오히려 애매하
게 여긴 것이다.

太史公惑於不軌而逸樂 公正而遇災害 爲天道之非而又是邪 深惑之也 蓋天道
玄遠 聰聽暫遺 或窮通數會 不由行事 所以行善未必福 行惡未必禍 故先達皆
猶昧之也

정의 儻의 발음은 '탕[他蕩反]'인데, 당儻은 결정하지 못한다는 말이
다. 천도는 감히 똑바로 옳은지 그른지 말하지 못하므로 '혹시[儻]'라고
했다.

儻音他蕩反 儻 未定之詞也 爲天道不敢旳言是非 故云儻也

공자께서 "길이 같지 않으면 서로 일을 꾀하지 않는다."라고 말씀하셨으니, 또한 각각 자기의 뜻에 따른다는 말이다.[①] 그러므로 말했다.

"부하고 귀한 것을 구할 수만 있다면 비록 채찍을 잡는 마부가 되는 일이라도 나 또한 하겠으나[②] 만약 구하지 못한다면 나는 내가 좋아하는 바를 따르리라.[③]"

"계절이 추워진 다음에야 소나무와 잣나무가 나중에 시드는 것을 안다.[④]"

온 세상이 혼탁해야 깨끗한 사인이 보이는 것이다.[⑤] 누구는 자기가 중시하는 것이 저와 같고, 누구는 경시하는 것이 이와 같기 때문인가.[⑥]

子曰 道不同不相爲謀 亦各從其志也[①] 故曰 富貴如可求 雖執鞭之士 吾亦爲之[②] 如不可求 從吾所好[③] 歲寒 然後知松柏之後凋[④] 擧世混濁 淸士乃見[⑤] 豈以其重若彼 其輕若此哉[⑥]

① 各從其志也각종기지야

정의 태사공이 공자의 말씀을 인용해서 앞서의 일을 증명한 것이다. 천도天道나 인도人道는 동일하지 않기에, 한 가지로 그 운명의 만남에 맡기고 또한 각각 그 뜻에 따른다는 말이다.

太史公引孔子之言證前事也 言天道人道不同 一任其運遇 亦各從其志意也

② 富貴如可求~吾亦爲之부귀여가구~오역위지

집해 정현이 말했다. "부귀는 구해서 얻을 수 있는 것이 아니고 마땅히 덕을 닦아서 얻는 것이다. 만약 도道를 구해서 얻을 수 있다면 비록 말의 채찍을 잡는 천한 직분이라도 나는 또한 할 것이다."

鄭玄曰 富貴不可求而得之 當脩德以得之 若於道可求而得之者 雖執鞭賤職 我亦爲之

③ 從吾所好종오소호

[집해] 공안국이 말했다. "좋아하는 것은 옛사람의 도道이다."

孔安國曰 所好者古人之道

④ 歲寒～松栢之後凋세한～송백지후조

[집해] 하안이 말했다. "크게 추운 계절에 여러 나무가 모두 말라 죽는데 그 연후에 소나무와 잣나무는 조금 말라 손상된다. 평상의 계절에는 여러 나무가 또한 죽지 않는다. 그러므로 모름지기 계절이 추워진 다음에야 구별된다. 비유컨대 보통 사람이라도 다스려진 세상에서는 또한 스스로 닦고 간추리면 군자와 동일하지만, 혼탁한 세상이 된 연후에야 군자는 바르고 구차하게 용납하지 않는다는 것을 아는 것이다."

何晏曰 大寒之歲 衆木皆死 然後松栢少凋傷 平歲衆木亦有不死者 故須歲寒然後別之 喻凡人處治世 亦能自脩整 與君子同 在濁世然後知君子之正不苟容也

⑤ 淸士乃見청사내견

[색은] 《노자》에서 "국가가 혼란스러우면 비로소 충신이 있다."라고 하였다. 이것은 온 세대가 모두 혼탁하면 사인의 청결함이 이에 드러난다는 것이다. 그러므로 위 문장에서 "계절이 추워진 다음에야 송백이 뒤에

시드는 것을 안다."라고 한 것은 먼저 이 말의 근본을 편 것이다.

老子曰 國家昏亂 始有忠臣 是擧代混濁 則士之淸絜者乃彰見 故上文歲寒然後
知松柏之後彫 先爲此言張本也

정의 천하가 어지러우면 청결한 선비는 요행을 바라지 않고 도척과 함
께하지도 않는다는 것을 말한 것이다.

言天下泯亂 淸絜之士不撓 不苟合於盜跖也

⑥ 豈以其重若彼 其輕若此哉기이기중약피 기경약차재

색은 살펴보니 백이가 양보한 덕의 무거움은 저와 같은데, 고사리를 캐
어 먹다 굶주려 죽은 것은 가벼움이 이와 같다는 것을 이른다. 또 하나
의 해석에는, 절조와 행실이 법도를 따르지 않지만 부귀하고 넉넉함이 대
대로 쌓여 그 무거움이 저와 같은데, 공정하게 발분하여도 재앙을 만나
니 그 가벼움이 이와 같다는 것이다.

按 謂伯夷讓德之重若彼 而采薇餓死之輕若此 又一解云 操行不軌 富厚累代
是其重若彼 公正發憤而遇禍災 是其輕若此也

정의 중重은 도척 등을 이른다. 경輕은 백이, 숙제, 허유, 무광 등을 이른다.

重謂盜跖等也 輕謂夷齊由光等也

공자께서 말씀하셨다.

"군자는 죽은 뒤에 이름이 일컬어지지 않을 것을 근심한다.①"

가자賈子는 말했다.②

"탐욕스러운 자는 재물을 좇고③ 공업을 세우는데 뜻을 둔 자는

> 명예를 좋으며 권세를 자랑하는 자는 권세에 죽고[④] 보통 백성은 삶에만 매달린다.[⑤]"
>
> "똑같이 밝은 것끼리 서로 비추고[⑥] 똑같은 부류끼리 서로 추구한다.[⑦]"
>
> "구름에는 용龍이 따르고 바람에는 호랑이가 따르듯이[⑧] 성인聖人이 일어나면 만물이 보이게 된다.[⑨]"
>
> 君子疾沒世而名不稱焉[①] 賈子曰[②] 貪夫徇財[③] 烈士徇名 夸者死權[④] 衆庶馮生[⑤] 同明相照[⑥] 同類相求[⑦] 雲從龍 風從虎[⑧] 聖人作而萬物覩[⑨]

① 君子疾沒世而名不稱焉군자질몰세이명불칭언

색은 여기부터 이하는 비록 백이는 공자를 만나서야 명성이 빛났고 안회는 천리마의 꼬리에 붙어서 행적이 드러났지만, 대개 또한 자신의 저술이 중지되지 않을 것임을 미묘하게 보이고자 했다. 또한 이는 죽은 다음에 이름이 일컬어지지 않는 것을 걱정했으므로 가의를 인용해 "탐욕스러운 자는 재물을 좇고 열사는 명성을 좇는다."라고 한 것이 이것이다. 또 "똑같이 밝은 것끼리 서로 비추고 똑같은 부류끼리 서로 추구한다."와 "구름에는 용이 따르고 바람에는 호랑이가 따른다."를 인용한 것은, 사물이 각각 같은 종류끼리 서로 추구한다는 말이다. 그러므로 태사공의 말은 자기도 곧 절조와 행실이 청렴하고 정직했는데 시대에 쓰이지 못하고 마침내 잘못된 죄에 빠졌으며, 백이와 더불어 서로 같은 부류이므로 이에 의탁해서 논설을 펼친 것이다.

自此已下 雖論伯夷得夫子而名彰 顏回附驥尾而行著 蓋亦欲微見己之著撰不已 亦是疾沒世而名不稱焉 故引賈子貪夫徇財 烈士徇名是也 又引同明相照 同

類相求 雲從龍 風從虎者 言物各以類相求 故太史公言已亦是操行廉直而不用
於代 卒陷非罪 與伯夷相類 故寄此而發論也

[정의] 군자는 죽은 뒤에 이름이 묻혀 없어지고 일컬어지지 않는 것을
두려워하고 근심하는데, 백이, 숙제, 안회가 깨끗한 행동으로 이름을 세
워서 후세에 칭송되어 기술된 것처럼 또한 태사공도 저술의 아름다움에
자기의 명성을 세워 점차 나타내고자 한 것이다.

君子疾沒世後懼名堙滅而不稱 若夷齊顏回絜行立名 後代稱述 亦太史公欲漸
見已立名著述之美也

② 賈子曰가자왈

[색은] 가자는 가의賈誼이다. 가의가 《붕조부》를 지어서 그러한 것을 말
했으므로 태사공이 인용해 '가자'라고 일컬었다.

賈子 賈誼也 誼作鵬鳥賦云然 故太史公引之而稱賈子也

③ 徇財순재

[정의] 徇의 발음은 '진[才迅反]'이다. 순徇은 구하는 것이다. 신찬이 말했다.
"몸으로써 사물을 따르는 것을 순徇이라고 한다."

徇 才迅反 徇 求也 瓚云 以身從物曰徇

④ 死權사권

[색은] 권세를 탐하고 자랑하는 자는 죽음에 이르러서도 쉬지 못하므로
'사권死權'이라고 이른다는 말이다.

言貪權勢以矜夸者 至死不休 故云死權也

⑤ 衆庶馮生중서빙생

색은 馮은 기대는 것인데 '빙凭'으로 발음한다. 보통 백성의 정서는 대개 그의 삶을 아껴 기댄다는 말이다. 추탄생본에는 '매생每生'으로 되어 있다. 매每는 무릅쓰는 것이니 곧 탐내서 무릅쓴다는 뜻이다.

馮者 恃也 音凭 言衆庶之情 蓋恃矜其生也 鄒誕本作每生 每者 冒也 即貪冒之義

정의 태사공은 가자를 인용해《사기》를 지은 것을 비유했으니, 탐욕스러운 자는 재물을 좇고 공업을 세우는데 뜻을 둔 자는 명예를 좇으며 권세를 자랑하는 자는 권세에 죽고 보통 백성은 삶에 매달리는 것처럼 이에 그《사기》를 완성한 것이다.

太史公引賈子譬作史記 若貪夫徇〔財 烈士徇〕名 夸者死權 衆庶馮生 乃成其史記

⑥ 同明相照동명상조

색은 이하는 모두《주역》〈계사〉의 문장이다.

已下竝易繫辭文也

신주 지금의《주역》〈계사〉에는 이 문장이 없다.《주역》〈건괘乾卦 문언文言〉에 "동성상응同聲相應"으로 되어 있다.

⑦ 同類相求동류상구

정의 하늘이 비를 내려서 기둥과 주춧돌을 적시고자 하는 것은 덕을 함께한 것들이 서로 응하는 것을 이른다.

天欲雨而柱礎潤 謂同德者相應

⑧ 雲從龍 風從虎운종룡 풍종호

집해 왕숙이 말했다. "용이 치켜들면 상서로운 구름이 따르고 호랑이가 울면 계곡에서 바람이 인다." 장번이 말했다. "용에는 구름이 따르고 호랑이에는 바람이 따른다는 말과 같다."

王肅曰 龍擧而景雲屬 虎嘯而谷風興 張璠曰 猶言龍從雲 虎從風也

⑨ 聖人作而萬物覩성인작이만물도

집해 마융이 말했다. "작作은 일어남이다."

馬融曰 作 起也

색은 살펴보니 또 이 구절을 인용한 것은 성인이 일어나 제자리에 있으면 만물의 정情을 모두 보게 된다. 그러므로 자신은 오늘날 또 역사서를 저술하게 되어 세상 정情의 가벼움과 무거움을 말했다는 것이다.

按 又引此句者 謂聖人起而居位 則萬物之情皆得覩見 故已今日又得著書言世情之輕重也

정의 이것은 지식이 있다. 성인聖人에게는 생명을 기르는 덕이 있고 만물에게는 길이 자라는 정이 있으므로 서로 감응한다. 여기에서 위로 '동명상조同明相照'에 이르기까지는 《주역》 건괘의 상사象辭이다. 태사공은 이들이 서로 느낀 것을 인용해서, 글를 저술하는 뜻을 나타내고 만물로 하여금 보는 것이 있게 하고자 했다. 공자께서 세상을 떠난 500년 뒤에 자신이 해당했으므로 《사기》를 지어 만물로 하여금 드러나 보이게 했다.

〈태사공자서전〉에서 "선인先人이 말한 것이 있는데 '주공이 세상을 떠난 지 500년 뒤에 공자가 있었고 공자가 세상을 떠난 뒤부터 지금까지 500년에 이르렀으니 세상에 이름을 계승할 자가 있어서 《역전》을 바르게 하고 《춘추》를 계승하고 본래 《시경》, 《상서》, 《예기》, 《악기》 사이에

뜻이 이에 있을 것이다.'라고 했으니, 소자小子가 어찌 감히 사양하겠는
가."라고 하였다.

　육경六經을 저술해서 말한다. "《역》은 천지, 음양, 네 계절, 오행五行
을 나타냈으므로 변화에 뛰어났다. 《예경》은 인륜을 기록했으므로 행
동하는 데 뛰어났다. 《상서》는 선왕先王의 일을 기록했으므로 정사政事
에 뛰어났다. 《시경》은 산천, 계곡, 금수, 초목, 빈모牝牡, 자웅을 기록했
으므로 가르침에 뛰어났다. 《악기》는 음악을 세운 것이므로 어울림에
뛰어났다. 《춘추》는 옳고 그른 것을 판단했으므로 남을 다스리는 데 뛰
어났다. 이런 까닭으로 《예기》는 사람을 절제하는 것으로, 《악기》는 어
울림을 펼치는 것으로, 《상서》는 일을 말하는 것으로, 《시경》은 뜻에
달관하는 것으로, 《역》은 조화를 말하는 것으로, 《춘추》는 의義를 말
하는 것으로 쓰인다. 어지러운 세상을 다스려서 바르게 되돌리는 것은
《춘추》보다 가까운 것이 없다." 살펴보니 술작함으로 만물을 살펴보는
것이다.

此有識也 聖人有養生之德 萬物有長育之情 故相感應也 此以上至同明相照是
周易乾象辭也 太史公引此等相感者 欲見述作之意 令萬物有睹也 孔子歿後
五百歲而已當之 故作史記 使萬物見覩之也 太史公序傳云 先人有言 自周公卒
五百歲而有孔子 孔子卒後至於今五百歲 有能紹名世 正易傳 繼春秋 本詩書禮
樂之際 意在斯乎 小子何敢讓焉 作述六經云 易著天地陰陽四時五行 故長於變
禮經紀人倫 故長於行 書記先王之事 故長於政 詩記山川谿谷禽獸草木牝牡雌
雄 故長於風 樂樂所以立 故長於和 春秋辨是非 故長於治人 是故禮以節人 樂
以發和 書以道事 詩以達意 易以道化 春秋以道義 撥亂世反之正 莫近於春秋
按 述作而萬物睹見

백이와 숙제는 비록 현인이지만 공자를 얻어서 명성이 더욱 빛났다.[1] 안연이 비록 독실하게 공부했어도 천리마의 꼬리에 붙어서 행적이 더욱 드러났다.[2] 석굴에 사는 사인도 나아가고 머무름에 때가 있는 것이 이와 같은데, 같은 명성이라도 묻혀 없어져 일컬어지지 않는 것이 슬프구나![3] 민간에서 사는 사람으로 행실을 닦고 명성을 세우고자 하는 자[4]는 청운靑雲의 사인에게 붙지 않는다면 어찌 후세에 이름을 널리 전할 수 있겠는가.

伯夷叔齊雖賢 得夫子而名益彰[1] 顔淵雖篤學 附驥尾而行益顯[2] 巖穴之士 趣舍有時若此 類名堙滅而不稱 悲夫[3] 閭巷之人 欲砥行立名者[4] 非附青雲之士 惡能施于後世哉

① 伯夷叔齊~而名益彰백이숙제~이명익창

정의 | 백이와 숙제는 비록 어진 행실이 있었으나 선생(공자)께서 일컬어 드날려서 명성이 더욱 빛났다. 만물이 비록 태어나 자라는 성질이 있지만 태사공이 서술함으로써 세상에 일이 더욱 드러나게 되었다.

伯夷叔齊雖有賢行 得夫子稱揚而名益彰著 萬物雖有生養之性 得太史公作述而世事益睹見

② 附驥尾而行益顯부기미이행익현

색은 | 살펴보니 쉬파리가 천리마의 꼬리에 붙어 1,000리에 도달하니, 안회가 공자로 인해서 명성이 빛난 것을 비유한 것이다.

按 蒼蠅附驥尾而致千里 以譬顔回因孔子而名彰也

③ 趣舍有時若此~悲夫취사유시약차~비부

[정의] 趣의 발음은 '추趣'이고, 舍의 발음은 '사捨'이다. 취趣는 향하는 것이다. 사捨는 없애는 것이다. 숨어서 사는 사인은 때때로 천리마의 꼬리에 붙는 일이 있어서 이름이 밝게 드러나게 되는데, 만약 묻혀 없어져서 일컬어지지 않는 자가 많다면 또한 슬퍼할 만하다는 말이다.

趣音趨 舍音捨 趣 向也 捨 廢也 言隱處之士 時有附驥尾而名曉達 若埋滅不稱數者 亦可悲痛

[신주] 사마천은 후세에 이름을 드리울만한 사람이 많은데도 기록이 없어 사라지는 게 안타까워서 곧 《사기》를 지었다는 의미를 담고 있다.

④ 欲砥行立名者욕지행입명자

[정의] 砥의 발음은 '지旨'이다. 행동을 닦고 덕을 닦아도 향리에 있는 자는 만약 귀하고 큰 사인에게 의탁하지 않는다면 어찌 후작을 상으로 받아서 봉해지고 명성이 후대에 남는 것을 얻을 수 있겠는가!

砥音旨 礪行脩德在鄕閭者 若不託貴大之士 何得封侯爵賞而名留後代也

[색은술찬] 사마정이 펼쳐서 밝히다.

천도는 공평하게 나뉘지만 선善의 부류와 어울린다고 한다. 현인은 굶어 죽었지만 도척은 무리를 모았다. 길흉은 갈마들고[1] 베풀어 갚는 것이 어지럽다. (공자는) 〈자한子罕〉에서 명을 말했는데[2] 먼저 칭송을 듣고부터 (명성을) 얻으니, 아아, 저 보통 사인이여, 청운에 붙지 않겠는가!

天道平分 與善徒云 賢而餓死 盜且聚群 吉凶倚伏[1] 報施糾紛 子罕言命[2] 得自前聞 嗟彼素士 不附青雲

① 倚伏의복

신주 교대로 갈마들며 나타나는 것을 말한다.

② 子罕言命자한언명

신주 《논어》〈자한〉편은 "공자는 이익과 운명과 인에 대해서 드물게 말하였다.[子罕言利與命與仁]"라는 말로 시작한다. 〈자한〉편에는 "날씨가 추워진 다음에야 송백이 끝까지 시들지 않음을 알 수가 있다.[歲寒然後知松柏之後彫也]"라는 말도 있다. 여기에서 '세한歲寒'이라는 말이 나왔다.

사기 제62권 史記卷六十二

관안열전 管晏列傳

신주 〈관안열전〉은 제나라의 재상 관중管仲(?~서기전 654)과 안영晏嬰 (?~서기전 500)에 관한 열전이다. 관중의 성은 황제와 주나라 국성인 희성 姬姓이고 씨는 관管이다. 이름은 이오夷吾이며, 자는 중仲이고 시호는 경 敬이다. 오늘날 안휘성 부양시阜陽市 영상현인 영상潁上 출신이다. 춘추시 대의 철학자이자 정치가이며 제환공(재위 서기전 685~서기전 642)을 춘추오패 의 첫 패자로 만든 재상이다.

관중은 포숙아鮑叔牙라는 친구와 '관포지교管鮑之交'라는 고사성어로 널리 알려진 인물이다. 둘이 장사를 할 때 관중이 포숙아를 속이고 이익 금을 편취하거나 관중이 전쟁에 나갔다가 도망쳐 와도 포숙아는 관중을 비판하지 않았다. 관중은 제나라 공자 규糾를 임금으로 만들려고 했고, 포숙아는 공자 소백小白을 임금으로 만들려고 했는데, 관중은 규를 위해 소백을 죽이려다가 실패해서 규는 자살하고 소백이 환공이 되었다. 환공 이 관중을 죽이려고 하자 포숙은 제나라를 잘 다스리려면 자신으로 족 하지만 천하의 패자가 되려면 관중을 등용해야 한다고 권해서 관중을 재상으로 만들었다. 관중은 안으로는 백성들의 생활을 안정시키고 밖으 로는 제후들의 환심을 사서 환공을 춘추오패 중의 첫 패자가 되게 했다.

안영은 성이 희성 또는 자성이다. 씨는 안이며 자는 중仲이고 시호는 평平이다. 지금의 산동성 고밀시高密市인 이유夷維사람이다. 안영은 제나라 상대부 안약晏弱의 아들로 안약이 병들어 죽자 상대부를 계승했는데, 50여 년 동안 영공靈公, 장공莊公, 경공景公 등 3대의 재상을 지냈다. 경공 48년에 사망하였으며 관중과 함께 훌륭한 재상으로 이름을 떨쳤다.

　안영은 근검절약을 몸소 실천한 인물인데 재상이 되고 나서도 고기 반찬을 거듭 먹지 않고 첩에게는 비단옷을 입히지 않았다. 말과 행동이 엄정하고 엄격했으며 도에 따라 일처리를 했다. 인재를 알아보는 식견이 탁월하여 죄인 월석보越石父를 위해 속죄금을 납부하고 상객上客으로 삼은 일화가 있다. 안자가 재상이 되어 출타를 하는데, 그의 마부가 의기 양양한 모습을 보고 마부의 아내가 이별을 청했다. 마부가 그 까닭을 물었더니 안자는 뜻이 깊고 확실한 신념이 있으면서 스스로 항상 낮추는데, 마부는 그렇지 않기 때문이라고 했다. 이 말을 들은 마부는 겸손하게 행동했고, 변화된 모습을 높이 산 안자가 대부로 추천했다는 일화이다. 그의 사상과 일화는《안자춘추》에 전해지고 있다.

　사마천은《관자》와《안자춘추》등에 관중과 안영의 일화가 많이 담겨 있기 때문에 그런 내용은 생략하고 알려지지 않은 내용만 수록한다고 했다. 그래서 두 사람의 실제 행적에 비해서 열전이 짧다.

관중과 제환공

관중 이오夷吾는 영상潁上 사람이다.[①] 젊었을 때 항상 포숙아鮑叔牙
와 놀았는데 포숙아는 그가 현명하다는 것을 알았다. 관중은 가난
했고 항상 포숙을 속였으나[②] 포숙은 끝까지 잘 대우했고 관중이
속인다고 말하지 않았다.

얼마 후 포숙은 제나라 공자 소백小白을 섬겼고 관중은 공자 규糾를
섬겼다. 소백이 즉위해서 환공桓公이 되자 공자 규는 죽고 관중은
옥에 갇혔다. 포숙이 마침내 관중을 추천했다.[③] 관중은 등용되어
제나라 정사를 맡는데[④] 제환공이 패자霸者가 되어 제후들을
아홉 차례나 모이게 했고 천하를 한번 크게 바로잡았는데, 관중
의 계책때문이다.

管仲夷吾者 潁上人也[①] 少時常與鮑叔牙游 鮑叔知其賢 管仲貧困 常欺
鮑叔[②] 鮑叔終善遇之 不以爲言 已而鮑叔事齊公子小白 管仲事公子糾
及小白立爲桓公 公子糾死 管仲囚焉 鮑叔遂進管仲[③] 管仲旣用 任政於
齊[④] 齊桓公以霸 九合諸侯 一匡天下 管仲之謀也

① 潁上人也영상인야

영穎은 강 이름이다. 〈지리지〉에 영수는 양성陽城에서 나온다. 한
漢나라 때에 영양穎陽, 임영臨穎의 두 현이 있었는데 지금 또한 영상현에
있다.

穎 水名 地理志穎水出陽城 漢有穎陽臨穎二縣 今亦有穎上縣

위소가 말했다. "이오는 희성姬姓의 후예이고 관엄管嚴의 아들 경
중敬仲이다."

韋昭云 夷吾 姬姓之後 管嚴之子敬仲也

② 常欺鮑叔상기포숙

《여씨춘추》에서 말한다. "관중과 포숙이 함께 남양南陽에서 장사
를 했는데 재물의 이익을 나누면 관중은 일찍이 포숙을 속이고 자신이
많이 가졌다. 포숙은 그가 어머니가 있는데 가난했기 때문이라고 여겼지
탐한다고 여기지 않았다."

呂氏春秋 管仲與鮑叔同賈南陽 及分財利 而管仲嘗欺鮑叔 多自取 鮑叔知其有
母而貧 不以爲貪也

③ 鮑叔遂進管仲포숙수진관중

〈제태공세가〉에서 말한다. "포숙아가 말하기를 '군주께서 제나
라를 다스리려면 곧 고해와 포숙아로 족할 것입니다. 그러나 군주께서
또 패왕覇王이 되고자 하신다면, 관이오管夷吾(관중)가 아니면 불가할 것
입니다. 이오가 거주하는 나라는 나라가 막중해질 것이니, 그를 잃어서
는 안 됩니다.'했다. 이에 환공이 포숙아의 말에 따랐다." 위소가 말했다.
"포숙은 제나라 대부인데 사성姒姓의 후예이고 포숙鮑叔의 아들 숙아叔牙
이다."

齊世家云 鮑叔牙曰 君將治齊 則高傒與叔牙足矣 君且欲霸王 非管夷吾不可
夷吾所居國國重 不可失也 於是桓公從之 韋昭云 鮑叔 齊大夫 姒姓之後 鮑叔
之子叔牙也

④ 任政於齊임정어제

정의 《관자》에서 말한다. "제나라 재상이 되어 아홉 가지 은혜로써 가
르쳤다. 첫째 노인 봉양, 둘째 약자에 인자함, 셋째 고아 돌봄, 넷째 나쁜
병 치유, 다섯째 독신자 구제, 여섯째 환자 문안, 일곱째 언로 뚫어주기,
여덟째는 가난 구휼, 아홉째 대가 끊어지지 않게 하는 것이다."
管子云 相齊以九惠之教 一曰老 二曰慈 三曰孤 四曰疾 五曰獨 六曰病 七曰通
八曰賑 九曰絕也

관중이 말했다.
"내가 처음 빈곤할 때 일찍이 포숙과 장사를 했는데① 재물의 이
익을 나누면서 스스로 많이 가져갔지만 포숙은 나를 탐한다고 여
기지 않았는데 내가 가난한 것을 알았기 때문이다. 나는 일찍이
포숙을 위해 사업을 도모하다가 번갈아 실패해 곤궁해졌지만 포
숙은 나를 어리석다고 여기지 않았는데 시대가 이롭고 이롭지 못
한 것을 알았기 때문이다. 나는 일찍이 세 번 벼슬했고 군주에게
세 번 쫓겨났지만 포숙은 나를 어질지 못하다고 여기지 않았는데
내가 때를 만나지 못한 것을 알았기 때문이다. 나는 일찍이 세 번
전쟁에 참여해서 세 번 달아났으나 포숙은 나를 비겁하다고 여기

지 않았는데, 내게 늙으신 어머니가 있다는 것을 알았기 때문이다. 공자 규가 실패하고 소홀召忽은 죽었으며 나는 감옥에 갇혀 치욕을 당했지만 포숙은 나를 부끄러움이 없다고 여기지 않았는데, 나는 작은 절개를 부끄러워하는 것이 아니라 공명功名을 천하에 드러내지 못하는 것을 부끄러워한다는 것을 알았기 때문이다. 나를 낳아준 자는 부모이지만 나를 알아준 자는 포자였다."

포숙은 관중을 추천하고 나서 자신은 관중의 아래에 자리했다. 자손들은 대대로 제나라에서 녹봉을 먹었으며 읍邑에 봉해진 것이 10여 대나 계속되어② 항상 명성 있는 대부가 되었다. 천하에서 관중을 현명하다고 하는 사람이 많지 않았지만 포숙이 사람을 잘 알아본다는 사람은 많았다.

管仲曰 吾始困時 嘗與鮑叔賈① 分財利多自與 鮑叔不以我爲貪 知我貧也 吾嘗爲鮑叔謀事而更窮困 鮑叔不以我爲愚 知時有利不利也 吾嘗三仕三見逐於君 鮑叔不以我爲不肖 知我不遭時也 吾嘗三戰三走 鮑叔不以我怯 知我有老母也 公子糾敗 召忽死之 吾幽囚受辱 鮑叔不以我爲無恥 知我不羞小節而恥功名不顯于天下也 生我者父母 知我者鮑子也 鮑叔旣進管仲 以身下之 子孫世祿於齊 有封邑者十餘世② 常爲名大夫 天下不多管仲之賢而多鮑叔能知人也

① 賈고

정의 賈의 발음은 '고賈'이다.

音古

신주 고賈는 장사하는 것을 말한다.

② 封邑者十餘世봉읍자십여세

[색은] 살펴보니 《세본》에서 말한다. "장중산莊仲山은 경중 이오를 낳았다. 이오는 무자武子 명鳴을 낳았다. 명은 환자桓子 계방啓方을 낳았다. 계방은 성자成子 유孺를 낳았다. 유는 장자莊子 노盧를 낳았다. 노는 도자悼子 기이其夷를 낳았다. 기이는 양자襄子 무武를 낳았다. 무는 경자景子 내섭耐涉을 낳았다. 내섭은 미微를 낳았으니 총 10대이다." 《세보》도 동일하다.

按 系本云莊仲山産敬仲夷吾 夷吾産武子鳴 鳴産桓子啓方 啓方産成子孺 孺産莊子盧 盧産悼子其夷 其夷産襄子武 武産景子耐涉 耐涉産微 凡十代 系譜同

관중이 정사를 맡아 제나라 재상이 되어서[①] 보잘 것 없는 제나라는 바닷가에 있기 때문에[②] 교역을 통해 재물을 축적해서 나라를 부유하게 하고 군대를 강하게 하며 백성과 좋고 나쁜 것을 함께했다. 그래서 그의 책(《관자》)에 일컬었다.[③]

"곳간이 차면 예절을 알고 의식이 풍족하면 영광과 치욕을 알고 위에서 법을 복종해 지키면 육친六親이 견고해진다.[④] 네 가지 강령이[⑤] 펼쳐지지 않으면 나라를 멸망하는 것이다. 명령을 내리는 데 물이 흐르는 원리처럼 해야 백성의 마음을 따르게 할 수 있다." 그러므로 논한 것이 낮으니 행동하기 쉬웠다.[⑥] 세속의 백성이 원하는 것은 따라 주었고 세속의 백성이 싫어하는 것은 따라서 제거했다.

管仲旣任政相齊[①] 以區區之齊在海濱[②] 通貨積財 富國彊兵 與俗同好惡 故其稱曰[③] 倉廩實而知禮節 衣食足而知榮辱 上服度則六親固[④]

四維⑤不張 國乃滅亡 下令如流水之原 令順民心 故論卑而易行⑥ 俗之
所欲 因而予之 俗之所否 因而去之

① 管仲既任政相齊관중기임정상제

정의 《국어》에서 말한다. "제환공이 포숙아를 재상으로 삼으려고 하
자 사양하면서 말하기를 '신이 이오만 못한 것이 다섯 가지입니다. 너그
럽고 온화하게 백성에게 은혜롭게 하는 것이 같지 못합니다. 국가를 다
스리는 데 그 근본을 잃지 않는 것이 같지 못합니다. 충성과 은혜가 백성
에게 모이게 하는 것이 같지 못합니다. 예의를 제어해서 사방에서 본받게
하는 것이 같지 못합니다. 북과 북채를 쥐고 군문軍門에 서서 백성으로
하여금 모두 용맹을 더하게 하는 것이 같지 못합니다.'라고 했다."

國語云 齊桓公使鮑叔爲相 辭曰 臣之不若夷吾者五 寬和惠民 不若也 治國家
不失其柄 不若也 忠惠可結於百姓 不若也 制禮義可法於四方 不若也 執枹鼓
立於軍門 使百姓皆加勇 不若也

② 齊在海濱제재해빈

정의 제나라는 동쪽 바닷가에 있다.

齊國東濱海也

③ 其稱曰기칭왈

색은 이것은 이오가 저술한 《관자》를 일컬은 것이고 그 책에 이 말이
있다. 그러므로 대략 그 요체를 들은 것이다.

是夷吾著書所稱管子者 其書有此言 故略擧其要

④ 上服度則六親固상복도즉육친고

[정의] 위의 의복이나 사용하는 물건이 제도가 있게 되면 육친六親이 견고해진다. 육친은 외조부모가 첫째이고 부모가 둘째이고 자매가 셋째이고 아내 형제의 아들이 넷째이고 종모從母의 아들이 다섯째이고 딸의 아들이 여섯째이다. 왕필은 "아버지, 어머니, 형, 아우, 아내, 아들이다."라고 했다.

上之服御物有制度 則六親堅固也 六親謂外祖父母一 父母二 姊妹三 妻兄弟之子四 從母之子五 女之子六也 王弼云父母兄弟妻子也

⑤ 四維사유

[집해] 《관자》에서 말한다. "네 가지 강령은 첫째 예禮, 둘째 의義, 셋째 염廉, 넷째 치恥이다."

管子曰 四維 一曰禮 二曰義 三曰廉 四曰恥

⑥ 論卑而易行논비이역행

[정의] 정치를 행함에 아래에 명령을 내리는 것이 선명하고 적으면 백성은 행동을 일으키는 것이 쉬워진다는 말이다.

言爲政令卑下鮮少 而百姓易作行也

그는 정치를 하면서 재앙이 될 일을 복으로 좋게 만들었고 실패는 되돌려 공로로 만들었다. 돈을 귀중하게 여기고[①] 저울대와 저울추를 신중하게 했다.[②]

환공은 실로 소희少姬에게 화가 나서③ 남쪽 채나라를 습격했다. 관중은 이를 계기로 초나라를 정벌하여 포모包茅를 주나라 왕실에 공물로 바치지 않았다고 꾸짖었다. 환공은 실제 북쪽 산융山戎을 정벌하고서 관중은 이에 따라 연나라로 하여금 소공召公의 정사를 실행하도록 했다.

其爲政也 善因禍而爲福 轉敗而爲功 貴輕重① 愼權衡② 桓公實怒少姬③ 南襲蔡 管仲因而伐楚 責包茅不入貢於周室 桓公實北征山戎 而管仲因而令燕修召公之政

① 輕重경중

색은 경중은 돈을 이른다. 지금 《관자》에 〈경중〉 편이 있다.

輕重謂錢也 今管子有輕重篇

② 貴輕重 愼權衡귀경중 신권형

정의 경중輕重은 치욕을 이른다. 권형은 득실을 이른다. 치욕이 있으면 매우 귀중하게 여기고 득실이 있으면 매우 경계하고 삼가는 것이다.

輕重謂恥辱也 權衡謂得失也 有恥辱甚貴重之 有得失甚戒愼之

③ 怒少姬노소희

색은 살펴보니 배를 뒤흔든 여자에게 노하여 돌려보냈지만 끊지는 않았는데, 채나라 사람에게 시집보낸 것을 이른다.

按 謂怒蕩舟之姬 歸而未絶 蔡人嫁之

신주 소희는 지금의 하남성 남쪽에 있던 채국蔡國 출신으로 제환공에게 시집 간 채희蔡姬를 뜻한다. 채국은 희성姬姓으로 주무왕의 동생인 채숙도蔡叔度가 지금의 하남성 상채현上蔡縣의 채蔡를 도읍으로 건국한 국가이다.

제환공은 호수 위에서 뱃놀이 하다가 채희가 뱃전을 흔들어 떨어질 뻔하자 반성하라고 친정인 채나라로 돌려보냈다. 채국의 채후蔡侯는 누이를 채국 사람에게 개가시키자 환공이 화가 나서 여덟 개 국가를 모아서 채국을 공격해 패퇴시키고 내친 김에 남방의 초나라까지 공격했다.

가柯 땅[①]의 회맹에서 환공은 조말曹沫과의 약속[②]을 배신하려 했으나 관중은 약속을 지켜 신의를 세우게 했고,[③] 제후들이 이로 말미암아 제나라에 귀의했다. 그러므로 말했다.

"주는 것이 받는 것임을 아는 것이 정치의 보배다.[④]"

관중의 부유함은 제나라 공실公室에 비교되었고 삼귀三歸와 반점反坫을 두었는데도[⑤] 제나라 사람들은 사치스럽다고 여기지 않았다. 관중이 죽었어도[⑥] 제나라는 그의 정치를 준수해서 늘 다른 제후들보다 강성했다. 100여 년 뒤에 안자晏子가 있었다.

於柯[①]之會 桓公欲背曹沫之約[②] 管仲因而信之[③] 諸侯由是歸齊 故曰 知與之爲取 政之寶也[④] 管仲富擬於公室 有三歸反坫[⑤] 齊人不以爲侈 管仲卒[⑥] 齊國遵其政 常彊於諸侯 後百餘年而有晏子焉

---

① 柯가

...(생략)...

정의 지금의 제주齊州 동아이다.

今齊州東阿也

신주 현재 산동성 료성시聊城市 산하의 동아현으로 태산에 의지하고 남쪽은 황하에 임해있다.

② 曹沫之約조말지약

색은 沫의 발음은 '말昧' 또는 '말末'이다. 《좌전》에서 말한다. "조귀曹劌"로 되어 있다.

沫音昧 亦音末 左傳作曹劌

정의 沫의 발음은 '말[莫葛反]'이다.

沫 莫葛反

신주 조말은 춘추 때 노나라 장군이다. 가柯 땅의 회맹에서 제환공이 노장공魯莊公을 겁박해 노나라 땅을 할양받으려던 찰나에 조말은 비수를 들고 환공을 인질로 잡았다. 환공이 무엇을 원하느냐고 묻자 "강한 제나라가 약한 노나라를 핍박하고 있다"면서 빼앗은 땅을 돌려달라고 약속했고, 환공은 반환에 동의했다. 약속을 받은 조말은 비수를 던졌고 환공은 조말을 죽이려 했지만 관중의 만류로 죽이지 않고 땅을 돌려줬다. 그래서 제후들이 환공을 따랐다는 것이다.

③ 因而信之인이신지

정의 겁박 때문에 (땅을 돌려줄 것을) 허락하여 침략한 땅을 노나라에 돌려주었다.

以劫許之 歸魯侵地

④ 知與之爲取 政之寶也지여지위취 정지보야

　색은　《노자》에서 "장차 취하고자 하면 반드시 먼저 주어야 한다."라고 했는데 곧 이것이 정사의 보배가 되는 것을 안 것이다.

老子曰將欲取之 必固與之 是知此爲政之所寶也

⑤ 有三歸反坫유삼귀반점

　정의　삼귀三歸는 세 성씨의 여자이다. 부인이 시집가는 것을 일러 귀歸라고 한다.

三歸 三姓女也 婦人謂嫁曰歸

　신주　반점反坫은 잔대이다. 주나라 시대에 제후들이 회견할 때 헌수獻酬한 술잔을 엎어놓는 흙으로 만든 대이다.

⑥ 管仲卒관중졸

　정의　《괄지지》에서 말한다. "관중의 무덤은 청주靑州 임치현 남쪽 21리 우산牛山의 언덕에 있다. 《설원》에서 '제환공이 관중을 시켜 국가를 다스리라고 하자 관중이 대답하기를, 「천한 사람은 귀한 사람을 다스리지 못한다.」고 했다. 환공이 관중을 상경上卿으로 삼았는데 국가가 다스려지지 않았다. 환공이 무슨 까닭이냐고 묻자 관중이 대답하기를, 「가난한 자는 부자를 잘 부리지 못한다.」고 했다. 환공이 관중에게 제나라 시장의 조세를 하사했는데 국가가 다스려지지 않았다. 환공이 무슨 까닭이냐고 하자 관중이 대답하기를, 「소원한 사람은 근신을 제어하지 못한다.」고 했다. 환공이 관중을 세워서 중보仲父로 삼자 제나라가 크게 편안해지고 마침내 천하에서 패霸를 성취했다.'라고 했다. 공자께서 이르기를 '관중의 현명함으로도 이 세 가지 권세를 얻지 못했다면

또한 그 군주가 남면하고 백백이라고 일컫게 하지 못했을 것이다.'라고
했다."

括地志云 管仲冢在青州臨淄縣南二十一里牛山之阿 說苑云齊桓公使管仲治
國 管仲對曰 賤不能臨貴 桓公以爲上卿 而國不治 曰 何故 管仲對曰 貧不能使
富 桓公賜之齊市租 而國不治 桓公曰 何故 對曰 疏不能制近 桓公立以爲仲父
齊國大安 而遂霸天下 孔子曰 管仲之賢而不得此三權者 亦不能使其君南面而
稱伯

안영과 제경공

안평중 영婴은 래萊 땅의 이유夷維 사람이다.[1] 제나라 영공靈公과
장공莊公과 경공景公을 섬겼으며[2] 근검절약을 힘써 행하여 제나
라에서 중용되었다.

제나라 재상이 되고 나서 식사하는 데 고기반찬을 겹치게 하지
않았고 첩에게는 비단 옷을 입히지 않았다. 그가 조정에 있을 때,
군주가 그를 언급하면 말을 엄정하게 했고[3] 군주가 언급하지 않
으면 행동을 엄격히 했다.[4] 국가에 도가 있으면 곧 명령을 따랐
고 도가 없으면 명령을 저울질했다.[5] 이 때문에 세 군주 시대에
제후들에게 명성을 드러냈다.

晏平仲嬰者 萊之夷維人也[1] 事齊靈公莊公景公[2] 以節儉力行重於齊
旣相齊 食不重肉 妾不衣帛 其在朝 君語及之 卽危言[3] 語不及之 卽危
行[4] 國有道 卽順命 無道 卽衡命[5] 以此三世顯名於諸侯

[1] 晏平仲嬰者 萊之夷維人也안평중영자 래지이유인야

집해 유향의 《별록》에서 말한다. "래萊는 지금 동래군이다."

劉向別錄曰 萊者 今東萊地也

[색은] 안평중의 이름은 영嬰이고 평平은 시호이며 중仲은 자이다. 아버지는 환자桓子이고 이름은 약弱이다.

名嬰 平謚 仲字 父桓子名弱也

[정의] 안씨의 《제기》에서, 제성齊城의 300리에 이안夷安이 있는데 곧 안평중의 읍이라고 했다. 한나라 때 이안현이 되어 고밀국高密國에 속했다. 응소는 옛 래萊는 이유夷維의 읍이라고 했다.

晏氏齊記云齊城三百里有夷安 卽晏平仲之邑 漢爲夷安縣 屬高密國 應劭云故萊夷維邑

[신주] 래국萊國은 은나라 이전에 지금의 산동성 창락昌樂, 임구臨朐현 부근에서 연태煙台부근까지 존재했던 동이족 고국이다. 서기전 567년 제나라에 멸망했다.

② 事齊靈公莊公景公사제영공장공경공

[색은] 살펴보니 〈제태공세가〉와 《세본》에서 영공의 이름은 환環, 장공의 이름은 광光, 경공의 이름은 저구杵臼라고 한다.

按 系家及系本靈公名環 莊公名光 景公名杵臼也

③ 危言위언

[정의] 자신을 겸양하고 공로와 능력을 말하지 않는 것을 이른다.

謂已謙讓 非云功能

④ 危行위행

[정의] 行의 발음은 '행[下孟反]'이다. 군주가 자신을 알지 못하면 더욱 사업과 행실을 닦았고 꾸중이 이를까 두려워한 것을 이른다.

行 下孟反 謂君不知已 增脩業行 畏責及也

⑤ 衡命형명

정의 衡형은 저울이다. 국가에 도가 없으면 저울질 하는 양을 제어하는 것처럼 행할 만한 일을 곧 행하는 것을 이른다.

衡 秤也 謂國無道制秤量之 可行卽行

월석보越石父라는 어진 이가 포승에 묶여서 잡혀 오게 되었다.[①] 안자가 나가다가 길에서 월석보를 만났는데 수레의 왼쪽 말을 풀어서 속죄금을 납부하고 수레에 태워 집으로 돌아왔다. 아무런 인사도 하지 않고 집 안으로 들어간 뒤 한참을 기다리는데 월석보가 절교할 것을 청했다. 안자는 깜짝 놀라서[②] 의관을 여미고 사죄했다.
"제가 비록 어질지는 못하나 선생을 재앙에서 면하게 했는데 어찌하여 선생께서는 이렇게 빨리 절교를 요구하십니까?"
월석보가 말했다.
"그렇지 않소. 내가 듣기에, '군자는 자신을 몰라주는 자에게는 굽히지만 자신을 알아주는 자에게는 자신을 펴는 것'이라고 했소.[③] 방금 나는 포승에 묶여 있었으나 그대는 나를 알지 못했소. 그러나 선생께서 이미 깨달아 느끼고 나를 속죄시켜 주었다는 것은 곧 나를 안다는 것이오. 나를 알면서 무례하게 대하는 것은 진실로 포승에로 묶여 있는 것만 못한 것이오."
안자은 이에 맞아 들여서 상객上客으로 삼았다.

越石父賢 在縲絏中^① 晏子出 遭之塗 解左驂贖之 載歸 弗謝 入閨 久之 越石父請絕 晏子戄然^② 攝衣冠謝曰 嬰雖不仁 免子於戹 何子求絕之速 也 石父曰 不然 吾聞君子詘於不知已而信於知已者^③ 方吾在縲絏中 彼 不知我也 夫子旣已感寤而贖我 是知已 知已而無禮 固不如在縲絏之 中 晏子於是延入爲上客

① 在縲絏中재루설중

[정의] 縲의 발음은 '루[力追反]'이다. 루縲는 검은 포승이다. 설絏은 묶는 것이다. 《안자춘추》에서 말한다. "안자가 진晉나라에 가는데 중모中牟에 이르러 해어진 관에 갖옷을 뒤집어 입고 땔나무를 진 채 길옆에서 휴식 하는 자를 보았다. 안자가 묻기를 '무엇 하는 사람인가?'라고 하자 대답 하기를 '나는 석보石父입니다. 구차하게 굶주림과 추위를 면하려고 신하 의 종이 되었습니다.'라고 했다. 안자는 왼쪽의 참마驂馬를 풀어서 속죄 금을 납부하고 수레에 함께 타고 돌아왔다." 살펴보니 이곳의 문장과 조 금 다르다.

縲音力追反 縲 黑索也 絏 繫也 晏子春秋云 晏子之晉 至中牟 覩幣冠反裘負薪 息於途側 晏子問曰 何者 對曰 我石父也 苟免飢凍 爲人臣僕 晏子解左驂贖之 載與俱歸 按 與此文小異也

② 戄然확연

[정의] 戄의 발음은 '삭[怵縛反]'이다.

戄 怵縛反

③ 信於知己者신어지기자

信의 발음은 '신申'인데 옛날 《주례》에서 모두 그러했다. 신어지기申於知己는 저 사람이 나를 알아주어서 나의 뜻을 펴게 해 주는 것을 이른다.

信讀曰申 古周禮皆然也 申於知己謂以彼知我而我志獲申

안자가 제나라 재상이 되어서 밖으로 나가는데 안자의 수레를 모는 마부의 아내가 문틈으로 그의 지아비를 엿보았다. 그의 지아비는 재상의 수레를 몰았는데 큰 일산을 끼고 네 마리의 말을 채찍질하면서 의기양양하여 매우 만족하는 모습이었다. 지아비가 일을 마치고 돌아오자 그의 아내는 떠나겠다고 청했다. 지아비가 그 까닭을 물었다. 아내가 말했다.

"안자의 키는 6자에도 미치지 못하는데 몸은 제나라 재상이 되고 이름은 제후들에게 드러났습니다. 그런데 오늘 첩이 그가 출타하는 것을 보았는데 뜻은 침착해 보이며 항상 스스로 낮추는 것이 있었습니다. 지금 당신은 키가 8자인데도 남의 마부가 되어 있습니다. 그러나 당신은 스스로 흡족하게 여기고 있습니다. 첩은 이 때문에 떠나려고 합니다."

그 뒤로 지아비는 스스로 억제하고 겸손하게 행동했다. 안자가 괴상하게 여기고 묻자 마부는 사실대로 대답했다. 안자가 이에 추천하여 대부로 삼았다.①

晏子爲齊相 出 其御之妻從門間而闚其夫 其夫爲相御 擁大蓋 策駟馬
意氣揚揚甚自得也 旣而歸 其妻請去 夫問其故 妻曰 晏子長不滿六尺
身相齊國 名顯諸侯 今者妾觀其出 志念深矣 常有以自下者 今子長八
尺 乃爲人僕御 然子之意自以爲足 妾是以求去也 其後夫自抑損 晏子
怪而問之 御以實對 晏子薦以爲大夫①

① 以爲大夫이위대부

[집해] 《황람》에서 말한다. "안자의 무덤은 임치성 남쪽인 치수菑水 남쪽
환공의 무덤 서북쪽에 있다."

皇覽曰 晏子冢在臨菑城南淄水南桓公冢西北

[정의] 《황람》의 주석에서 말한다. "안자의 무덤은 임치성 남쪽인 치
수 남쪽 환공 무덤 서북쪽에 있다." 《괄지지》에서 말한다. "제환공 묘
는 청주 임치현 동남쪽 23리 정족鼎足 위에 있다." 또 《괄지지》에서) 말한
다. "제나라 안영 무덤은 제군 자성子城 북문 밖에 있다. 안자는 이르기
를 '나는 살아서 시장을 가까이했는데 죽어서 어찌 나의 뜻을 바꾸겠는
가.'라고 했다. 이에 옛 집의 뒤에 장사를 지냈는데 사람들이 청절리淸節
里라고 이름 지었다." 살펴보니 아마 《황람》이 잘못된 것인 듯하며 이는
곧 관중의 무덤이다.

注皇覽云 晏子冢在臨淄城南菑水南桓公冢西北 括地志云 齊桓公墓在靑州臨
淄縣東南二十三里鼎足上 又云 齊晏嬰冢在齊子城北門外 晏子云吾生近市 死
豈易吾志 乃葬故宅後 人名曰淸節里 按 恐皇覽誤 乃管仲冢也

태사공은 말한다.

나는 《관자》의 〈목민〉, 〈산고〉, 〈승마〉, 〈경중〉, 〈구부〉[1]와 《안자춘추》[2]를 읽었는데 그 말들이 자세했다. 이미 그들의 저서를 보고 그들이 행한 일들을 살펴보고 싶었다. 이 때문에 그의 전기傳記를 차례에 넣었다. 그늘의 서적은 세상에 많이 있다. 그래서 논하지 않았고 그곳에서 빠진 일들[3]만을 논했다.

관중은 세상에서 이른바 어진 신하였으나 공자께서는 작게 여겼다. 그의 생각은 '주나라 도가 쇠미해졌고 환공이 이미 현명했는데도 왕도에 이르는 것에 힘쓰지 않고 어찌 패자霸者로만 일컬어지게 했는가?'[4]라는 것이리라. 속담에 말하기를 "장차 임금의 아름다운 점은 받들어 따르고 임금의 잘못된 점은 바로 잡아 구제한다. 그래야 군신이 서로 친해질 수 있는 것이다.[5]"라고 했는데 어찌 관중을 일컬은 것이 아니겠는가.

바야흐로 안자는 장공莊公의 시신에 엎드려 곡을 하고 예를 마친 연후에 떠났는데[6] 어찌 이른바 "의를 보고 하지 않으면 용기가 없는 것이다."라고 할 것인가. 그의 말에 이르러서는 군주의 안색에도 아랑곳하지 않았으니, 이것을 이른바 "나아가면 충성을 다할 것을 생각하고 물러나면 (군주의) 허물을 보완할 것을 생각한다."라는 것이 아닌가. 가령 안자가 살아있다면 나는 설령 그를 위해 말채찍을 잡는 자가 될지라도 기꺼이 흠모할 것이다.[7]

太史公曰 吾讀管氏牧民山高乘馬輕重九府[1] 及晏子春秋[2] 詳哉其言之也 旣見其著書 欲觀其行事 故次其傳 至其書 世多有之 是以不論 論其軼事[3] 管仲世所謂賢臣 然孔子小之 豈以爲周道衰微 桓公旣賢 而不

勉之至王 乃稱霸哉^④ 語曰 將順其美 匡救其惡 故上下能相親也^⑤ 豈管
仲之謂乎 方晏子伏莊公尸哭之 成禮然後去^⑥ 豈所謂見義不爲無勇者
邪 至其諫說 犯君之顏 此所謂進思盡忠 退思補過者哉 假令晏子而在
余雖爲之執鞭 所忻慕焉^⑦

① 牧民山高乘馬輕重九府목민산고승마경중구부

집해 유향의 《별록》에서 말한다. "〈구부〉는 민간에 없고 있는 것을 기록
했다. 〈산고〉는 일명 형세이다."

劉向別錄曰 九府書民間無有 山高一名形勢

색은 모두 관중이 저술한 책의 편 이름이다. 살펴보니 〈구부〉는 대개
화폐 창고를 말하는데 그 글은 화폐의 경중輕重을 논했다. 그러므로 〈경
중〉, 〈구부〉라고 일렀다. 나머지는 《별록》의 설명과 같다.

皆管氏所著書篇名也 按 九府 蓋錢之府藏 其書論鑄錢之輕重 故云輕重九府
餘如別錄之說

정의 《칠략》에서 《관자》는 18편이고 법가法家에 있다고 한다.

七略云管子十八篇 在法家

② 晏子春秋안자춘추

색은 살펴보니 안영의 저서를 《안자춘추》라고 이름 지은 것이다. 지금
그 책에는 일곱 편이 있다. 그러므로 아래에서 "그 책은 세상에 많이 있다."
라고 일렀다.

按 嬰所著書名晏子春秋 今其書有七篇 故下云其書世多有也

정의 《칠략》에서 《안자춘추》는 7편이고 유가儒家에 있다고 한다.

七略云晏子春秋七篇 在儒家

③ 軼事질사

[정의] 軼의 발음은 '일逸'이다.

軼音逸

④ 豈以爲周道衰微~乃稱霸哉기이위주도쇠미~내칭패재

[정의] 관중은 세상에서 이른바 현신인데도 공자께서 작게 여긴 것은 아마 주나라 도가 쇠약해졌는데 환공은 현명한 군주이니 관중이 어찌 권면勸勉하고 보필해서 제왕에 이르게 하지 못하고 스스로 패주霸主라고 일컫게 했느냐는 말이다. 그러므로 공자께서 작다고 이른 것이다. 아마 앞에서 선생(공자)께서 의심한 것은 관중을 이 때문에 작게 여겼을 것이다.

言管仲世所謂賢臣 孔子所以小之者 蓋以爲周道衰 桓公賢主 管仲何不勸勉輔弼至於帝王 乃自稱霸主哉 故孔子小之云 蓋爲前疑夫子小管仲爲此

신주 [정의] 주석이 어긋난 것으로 보인다. 주석대로라면 제환공을 제왕으로 만들었어야 관중을 큰 사람이라고 여겼을 것이라는 말이다. 그러나 공자는 주나라를 왕으로 여기지 않고 각 제후들이 패권을 추구하는 춘추시대를 비판했다. 공자의 말은 관중이 제환공에게 주나라가 왕도를 이루게 돕지 않고 환공이 패자가 되게 도왔다는 뜻일 것이다. 또한 공자는 관중을 낮게 보지 않았다. 《논어》〈헌문憲問〉에는 제자인 자로子路와 자공子貢이 관중이 자기가 모시던 공자公子 규糾가 죽을 때 따라 죽지 않은 것을 두고 불인不仁하다고 비판하자 공자가 "관중이 환공桓公을 도와 제후의 패자霸者가 되게 하여 한 번 천하를 바로잡아 백성이 지금까지 그 덕택을 받았다. 관중이 없었다면 우리가 머리를 풀고 옷섶을 왼편으로 여미게 되었을 것이다[子曰 管仲相桓公霸諸侯 一匡天下 民到于今 受其賜 微管仲 吾其被髮左衽矣]"라고 옹호했다. 공자는 거듭 관중을 칭찬했지 소인으로 보지 않았다. 훗날 자로와 자공 등의 시각이 유학자들의 시각이 되면서 공자가 비판한 것처럼 잘못 인식한 것이다.

⑤ 上下能相親也상하능상친야

정의 관중은 제나라 재상이 되어 백성의 아름다운 것을 따르고 국가의 나쁜 것을 바로잡아 구제해서 군주와 신하와 백성으로 하여금 서로 가까워지게 했으니, 이것이 관중의 능력이라는 말이다.

言管仲相齊 順百姓之美 匡救國家之惡 令君臣百姓相親者 是管之能也

신주 이 말은 본래 《효경孝經》 〈사군事君〉에 나오는 공자의 말이다. "군자가 임금을 섬길 때는 나아가서는 충성을 다할 것을 생각하고 물러나서는 (군주의) 허물을 보완할 것을 생각해서 장차 임금의 아름다운 점은 받들어 따르고 임금의 잘못된 점은 바로 잡아 구제한다. 그래야 군신이 서로 친해질 수 있는 것이다.[君子之事上也 進思盡忠 退思補過 將順其美 匡救其惡 故上下能相親也]"

⑥ 莊公尸哭之 成禮然後去장공시곡지 성례연후거

색은 살펴보니 《좌전》에서 최저崔杼가 장공을 시해하자 안영이 들어가 장공의 시체를 허벅지에 누이고 곡을 하고 예를 마치고 나가자 최저가 죽이고자 한 것이 이것이다.

按 左傳崔杼弒莊公 晏嬰入 枕莊公尸股而哭之 成禮而出 崔杼欲殺之是也

⑦ 所忻慕焉소흔모언

[색은] 태사공은 안평중의 행동을 부러워하고 사모하여 우러러보고, 가령 안영이 살아 세상에 있다면 자신이 비록 그의 노복이 되어 말채찍을 잡게 되더라도 또한 기꺼이 바랄 바였다는 것이다. 그가 어진 이를 좋아하고 선을 즐거워하는 것이 이와 같구나. 어질다. 훌륭한 사가여! 남의 신하 된 자에게 경계를 보일 수 있었도다.

太史公之羨慕仰企平仲之行 假令晏生在世 已雖與之爲僕隷 爲之執鞭 亦所忻慕 其好賢樂善如此 賢哉良史 可以示人臣之炯戒也

[색은술찬] 사마정이 펼쳐서 밝히다.

관이오는 패업을 이루었고 안평중은 현인으로 칭송받았다. 곡식을 곳간에 채웠고 다투어 어깨를 가리지 않았다.① 화를 바꾸어 복으로 만들었고 말을 엄정히 하여 온전함을 얻었다. 공자는 (환공에) 힘입어 좌임左衽이 되지 않았다고 했고② 태사공은 채찍을 잡을 것을 기뻐했다. 예를 마치고 떠나니 사람들은 그가 존재하기를 바랐구나!

夷吾成霸 平仲稱賢 粟乃實廩 豆不掩肩① 轉禍爲福 危言獲全 孔賴左衽② 史忻執鞭 成禮而去 人望存焉

① 豆不掩肩두불엄견

[신주] 일을 힘써 하기를 다투어 땀을 흘리니, 어깨를 덮지 않은 짧은 옷을 입었다는 뜻이다. 두豆는 곧 '투鬪'(다투다)이다.

② 孔賴左袵공뢰좌임

신주 공자가 환공을 칭찬하여, 그 덕택에 이민족의 풍습인 옷을 왼쪽
으로 여미는 것을 하지 않게 되었다고 했다.

사기 제63권 史記卷六十三

노자한비열전 老子韓非列傳

> 사기 제63권 노자한비열전 제3
> 史記卷六十三 老子韓非列傳第三

신주 〈노자한비열전〉은 노자老子를 비롯해 장자莊子와 신불해申不害 그리고 한비자韓非子 등에 관한 열전이다.

노자는 이름과 생몰년도가 정확하지 않다. 사마천은 노자의 성은 이李 씨이고 이름은 이耳이며 자는 담聃이라고 했는데, 사마정은 《주도옥찰》 과 《신선전》을 근거로 성은 이李씨 이고 이름은 이耳 혹은 중이重耳라고 전해지고, 자는 백양伯陽 혹은 담聃이라고 했다. 두 책에 근거하면 노자 는 주나라때 사람으로 그의 어머니가 81세에 낳았다.

그러나 《현묘내편》에 따르면 그의 어머니는 회임을 해서 81년 동안 노자를 배속에 품고 있었는데, 자두나무 아래를 거닐던 중에 노자가 왼쪽 겨드랑이를 가르고 태어났다고 했다. 또한 옥녀가 회임한지 72년 만에 노 자를 낳았다고 했다. 《상원경》에서는 노자의 어머니가 하늘에서 내려온 오색 구슬을 삼키고 노자를 회임했다고 했다. 노자의 탄생일화들은 도교 道敎의 교조인 그를 높이기 위해 후대에서 여러 이설을 만들었기 때문일 것이다.

노자는 공자와 같은 시대 인물이거나 그보다 조금 앞선 인물이다. 공 자는 주나라에 가서 노자를 만나 예에 관해 물었는데 주나라를 떠나면서 제자들에게 노자에 대해 용과 같았다고 말한 일화가 있다.

장자(서기전 369년~서기전 286년)는 전국시대 송宋나라 몽蒙 사람으로 이름은 주周인데 자는 자휴子休 또는 자목子沐이라는 설도 있다. 장자는 서기전 340년 송척성이 임금이 된 시기를 전후해서 칠원의 관리가 되었다. 초나라 위왕이 장자가 현명하다는 소문을 듣고 재상으로 삼고자 초빙했으나 벼슬에 얽매이지 않고 자유로이 살고자 거절했다.

송나라 사람 혜시惠施가 위魏나라 재상이 되었을 때 장자는 혜시를 만나서 그가 허세를 부리며 "원추새를 시새워한다"고 비웃었다. 혜시는 장자와 호량지변濠梁之辨의 논쟁을 벌였는데 호량지변은《장자》〈추수〉에 소개된 우화이다. 호수濠水 위 다리에서 벌인 논쟁에서 장자는 물고기의 즐거움을 다리 위에 있는 자기도 알 수 있다고 하자 혜시는 물고기가 아니므로 물고기의 즐거움을 알 수 없다고 했다. 이것은 혜시와 장자의 시각의 차이를 드러내는 일화로서 호접몽胡蝶夢의 우화가 그러하듯 장자는 우주 만물의 구분 자체가 무의미하다는 것을 말하는 반면, 혜시는 사람과 물고기를 구분하는 단절적 시각으로 바라보고 있는 것이다.

장자는 무정주의자無情主義者로 알려져 있는데, 이것 또한 혜시와의 논쟁 때문이다. '인정, 무정과 유정'의 논쟁은 장자의 처가 세상을 떠났을 때 장자가 슬퍼하지 않고 키에 걸터앉아 북과 동이를 치고 노래하는 것을 조문을 하러 왔던 혜시가 보고 벌어진 논쟁이다. 이 예외도 혜시와의 논쟁은 오가의 시비가 있는데, 서기전 310년을 전후해서 혜시가 병으로 죽자 장자는 깊은 슬픔에 빠져 아무 말도 하지 않았다고 한다. 장자의 사상은 노자의 사상으로 귀결되는데, 대개 우화로 전하고 있다.

신불해는 정鄭나라 경읍京邑 사람인데, 지금의 형양현滎陽縣 경양성京襄城이 그곳이다. 그의 학문은 황제와 노자에 근본을 두고 있는데, 전국시대에 법가를 창시한 인물이기도 하다. 신불해는 본래 정鄭나라에서 낮은 벼슬을 살았는데, 한韓나라 소후昭侯에게 등용되어 재상이 되었다. 한소후 때 위나라가 한나라를 공격해 택양宅陽을 포위하자, 한소후는 신불해의 건의를 받아들여 규를 들고 위혜왕을 만나 경외의 뜻을 나타냈다. 위혜왕이 즉시 철병을 명하고 한나라와의 우방을 약속했다. 이 일을 계기로 신불해는 한소후의 책략가가 되었다.

서기전 353년에 위나라가 조나라를 공격해 수도 한단邯鄲을 포위하자 조성후가 제나라와 한나라에 원조를 요청했는데, 한소후는 신불해에게 의견을 물었다. 신불해는 조나라와 연합하여 위나라를 벌하고 조나라를 구해야 한다고 간언했는데, 한소후가 신불해의 의견에 따른 것을 "위위조구魏圍趙求(위나라를 포위해서 조나라를 구했다)"라고 한다.

신불해는 서기전 351년에 재상이 되었는데, 한소후의 지원 아래 먼저 3대 강족의 특권을 거둬드리고, 그들의 곳간을 국고로 환수했으며, 관리들의 논공행상을 엄정하게 해서 행정 효율을 높였다. 스스로 상장군이 되어 귀족의 사병을 국가군으로 편입시키고, 군사 훈련을 통해 전투력을 향상시켰다. 백성들에게 황무지를 개간하게 하고, 수공업과 병기 제조를 장려했다. 그가 재상으로 있었던 15년 동안 한나라는 군사력이 강해져 전국 7웅의 하나가 되었다.

한비자韓非子는 한비韓非라고도 하는데 지금의 하남성에 있었던 한韓나라 신정新鄭 사람이다. 신정은 고대부터 동이족의 주요 활동 무대였다. 본래 한자韓子라고 불렀는데, 당나라의 한유韓愈와 구별하기 위해 책명인 《한비자》로 통용해 불렀다. 한비자는 종실 출신으로 전국시대 말기 한나라 도읍인 신정新鄭의 귀족 가문에서 태어났다.

한비자가 살던 시대는 매우 혼란한 시기였다. 진나라와 조나라 사이에 벌어진 장평대전에서 조나라가 패배하면서 진나라는 무적이 되었다. 진나라가 한나라를 공격해 50개 성을 점령하자 한나라는 진나라에 예속되는 국교를 맺을 수밖에 없었다.

한비자는 약 5년간 글을 올려 간언했으나 한혜왕이 인재를 등용하지 않자 저술에 몰두하다가 순자가 초나라로 오자 그의 문하에 들어갔다.

한비자가 쓴 책은 진나라에 전해졌고 진시황은 한비자를 높이 평가해 교유하고자 했다. 〈한세가〉에는 한왕 안 5년(서기전 234)에 진나라가 한나라를 공격하자 한왕 안은 한비자를 진나라에 파견했는데, 순자의 문하에서 같이 동문수학하던 이사의 모함으로 옥에 간히게 되었다. 진시황은 한비자에게 독약을 주고 자살하게 했는데, 나중에 후회하여 사면했으나 한비자는 이미 죽은 후였다.

제
一
장

기록마다 다른 노자의 정체

> 노자는[①] 초나라 고현苦縣 뇌향厲鄕의 곡인리曲仁里 사람이다.[②]
> 성姓은 이씨李氏[③]이고 이름은 이耳이며 자는 담聃이다.[④] 주나라
> 도서관을 지키는 관리였다.[⑤]
>
> 老子者[①] 楚苦縣厲鄕曲仁里人也[②] 姓李氏[③] 名耳 字聃[④] 周守藏室之
> 史也[⑤]

① 老子者노자자

[정의] 《주도옥찰》과 《신선전》에서 말한다. "노자는 초나라 고현 뇌향
곡인리 사람이다. 성은 이李이고 이름은 이耳이며 자는 백양伯陽인데, 일
명 중이重耳라고 하고 밖에서의 자는 담聃이다. 신장은 8자 8치이고 누
런 낯빛에 눈썹이 아름답고 귀는 길고 눈은 크며 이마는 넓고 이는 성기
고 입은 각지고 입술은 두터우며 이마에는 삼오三五에 통달한 이치가 있
고 일각日角(귀인의 상)에 밝은 달[月懸]이며 코에는 쌍주雙柱가 있고 귀에는
삼문三門이 있다. 발은 음양과 오행을 밟고 손에는 열 가지의 문채를 가졌
다. 주나라 때 사람이며 이모李母가 81세에 낳았다." 또 《현묘내편》에서
말한다. "이모는 임신한 지 81년 만에 오얏나무 아래에서 거닐며 돌다

니다가 왼쪽 겨드랑이를 가르고 낳았다." 또 말한다. "현묘한 옥녀가 꿈에 유성流星이 입으로 들어와서 임신했으며 72년 만에 노자를 낳았다." 또 《상원경》에서 말한다. "이모는 낮밤으로 오색의 구슬을 보았는데 크기는 탄환과 같았으며 하늘로부터 내려와 구슬을 삼키자 곧 임신했다." 장군상이 말했다. "노자는 곧 호號이지 이름이 아니다. 노老는 고考이다. 자子는 우거진 것이다. 여러 이치를 고찰해 가르쳤는데 성스럽게 태어나 이에 만물이 자생하는 이치에 통달해서 사물을 구제하여 버리는 것이 없었다."

朱韜玉札及神仙傳云 老子 楚國苦縣瀨鄉曲仁里人 姓李 名耳 字伯陽 一名重耳 外字聃 身長八尺八寸 黃色美眉 長耳大目 廣額疏齒 方口厚脣 額有三五達理 日角月懸 鼻有雙柱 耳有三門 足蹈二五 手把十文 周時人 李母八十一年而生 又玄妙內篇云 李母懷胎八十一載 逍遙李樹下 迺割左腋而生 又云 玄妙玉女夢流星入口而有娠 七十二年而生老子 又上元經云 李母晝夜見五色珠 大如彈丸 自天下 因吞之 卽有娠 張君相云 老子者是號 非名 老 考也 子 孶也 考教衆理 達成聖孶 乃孶生萬理 善化濟物無遺也

② 楚苦縣厲鄉曲仁里人也초고현뇌향곡인리인야

집해 〈지리지〉에 고현苦縣은 진국陳國에 속한다고 했다.

地理志曰苦縣屬陳國

색은 살펴보니 〈지리지〉에서 고현이 진국陳國에 속한다고 한 것은 잘못이다. 고현은 본래 진陳나라에 속했다가 춘추시대에 초나라가 진나라를 멸하여 고현은 또 초나라에 속했다. 그러므로 '초고현'이라고 이른다. 한고제 11년에 이르러 회양국淮陽國을 세우고 진현陳縣과 고현을 모두 소속시켰다. 배인이 인용한 바가 명백하지 못하다. 고현이 진현陳縣 아래에 있는 것을 보고 고현이 진현에 속한다고 한 것이다.

지금 〈지리지〉를 검토해 보면 고현은 실제로 회양군에 속한다. 苦의 발음은 '호怙'이다.

按 地理志苦縣屬陳國者 誤也 苦縣本屬陳 春秋時楚滅陳 而苦又屬楚 故云楚苦縣 至高帝十一年 立淮陽國 陳縣苦縣皆屬焉 裴氏所引不明 見苦縣在陳縣下 因云苦屬陳 今檢地理志 苦實屬淮陽郡 苦音怙

정의 〈한흥이래제후왕연표〉를 살펴보니 회양국을 이르는데 경제 3년에 폐지되었다. 천한天漢(한무제 연호, 서기전 100~서기전 97)의 《사기》를 쓴 시기에는 초절왕楚絶王 순純이 팽성彭城에 도읍했는데 서로 가까웠다. 아마 고현은 이때 초나라에 소속되었을 것이므로 태사공이 기록한 것이다. 《괄지지》에서 말한다. "고현은 박주亳州 곡양현谷陽縣 영역에 있다. 노자의 저택과 사당이 있고 사당 안에는 9개의 우물이 아직 보존되어 있는데 지금의 박주 진원현에 있다." 厲의 발음은 '뇌賴'이다. 《진태강지기》에서 말한다. "고현의 성 동쪽에 뇌향사瀨鄕祠가 있는데 노자가 태어난 땅이다."

按年表云淮陽國 景帝三年廢 至天漢脩史之時 楚節王純都彭城 相近 疑苦此時屬楚國 故太史公書之 括地志云 苦縣在亳州谷陽縣界 有老子宅及廟 廟中有九井尙存 在今亳州眞源縣也 厲音賴 晉太康地記云 苦縣城東有瀨鄕祠 老子所生地也

신주 주석들이 엇갈려서 정리할 필요가 있다. 먼저 배인이 말한 진국陳國은 또 후한시대에 회양국의 이름을 고친 것인데, 사마정은 배인이 말한 진국을 옛 춘추시대 진陳나라로 착각한 것이다. 장수절은 초나라를 한漢나라 제후국인 초나라로 여겼으나 사마천은 춘추전국시대 초나라를 지칭한 것이다. 고현은 지리로 보아 사마천 시대의 한나라 제후국 초나라에 속할 수가 없다. 그래서 사마천이 왜 초나라라고 했는지는 의문이다.

그래서 이 문제를 놓고 여러 연구가 있었다.

중국의 전국 정치협상회의(정협政協) 부주석은 지낸 학자인 사마륜馬敍倫 (1885~1970)은 《사기》는 대개 "장자는 몽 사람이다.[莊子蒙人也]"나 "신불해는 경 사람이다.[申不害京人也]"와 같이 썼는데, 위 기술처럼 '초나라 고현 뇌향의 곡인리 사람'이라고 구체적 지명을 서술한 문체는 드물다는 것이다. 오히려 노자는 "초나라 상현 사람이다.[楚相縣人]"라고 쓴 것이 《사기》 원본에 가깝다는 것이다. 그렇다면 《사기》 원문은 '노자는 상 사람이다.[老子者相人也]'의 여섯 자로 보아야 하고 현재의 '노자는 초나라 고현 여향의 곡인리 사람이다.[老子者楚苦縣厲鄉曲仁里人也]'라고 한 것은 대부분 후대인들이 개작한 것이라는 연구도 있었다. 《사기》 원문이 '노자는 상 사람이다.[老子者相人也]'라고 하였으면 이때의 상相이 어디인가를 추정해야 한다. 춘추시대 상相 땅은 진晉과 송宋에도 있었는데 그 중에서도 송宋나라 상相일 가능성이 크다. 여기에는 한漢나라 때 고현苦縣에 속했고 지금은 하남성 주구시周口市에 속한 녹읍현鹿邑縣 지역이었다. 녹읍현에는 현재 이곳을 노자의 출생지로 그리면서 "노자의 고향이고, 도가의 근원이고, 도교의 법당이 있는 곳이고, 이성李姓의 뿌리이다.[老子故里 道家之源 道教祖庭 李姓之根]"라고 말하고 있다. 이곳에 유명한 도교 유적지인 태청궁太淸宮이 있는 것도 이 때문이다. 노자가 동이족 출신이라는 점에서도 초나라 보다는 하남성 녹읍현의 옛 상相 지역이 더 사실에 가까울 것이다.

③ 姓李氏성이씨

색은 살펴보니 갈현이 말했다. "이씨의 딸이 낳아서 어머니의 성을 따랐다." 또 말한다. "태어나서 오얏나무를 가리켜 이에 따라 성으로 삼았다."

按 葛玄曰李氏女所生 因母姓也 又云生而指李樹 因以爲姓

신주 이씨는 영성嬴姓에서 갈라졌다. 영성은 진秦과 조趙의 국성이기도 한데,《사기》〈진본기〉는 진나라의 선조에 대해서 이렇게 말한다.

"진秦나라의 선조先祖는 제전욱帝顓頊의 후예로서 여수女脩라고 한다. 여수女脩가 어느 날 베를 짜고 있는데 현조玄鳥가 떨어뜨린 알을 여수가 받아 삼켜서 임신을 해 아들 대업大業을 낳았다."

이는 전형적인 동이족의 난생사화卵生史話로서 진나라의 선조가 동이족임을 말해주는 것이다. 그래서《사기》〈봉선서〉의《색은》주석에서 "진나라 군주는 서쪽 제사터에서 소호를 제사지내는데 이때 희생은 흰색을 숭상한다.[秦君西祀少昊時牲尙白]"라고 쓴 것이다. 영성과 이성의 선조는 고요皋陶인데 순舜임금에 의해 형법을 관장하는 대리大理에 임명되었다. 그래서 그 집안을 대대로 리씨理氏라고 불렀는데, '리理' 자와 '리李' 자는 고대에는 서로 통용되는 글자였다. 그래서 앞서는 리씨理氏이고 후대에는 리씨李氏가 되었다는 것이 중국 성씨 연구학자들의 연구결과이다. 은나라 주왕紂王 때 세습적 리관理官이던 리징理徵이 주왕에게 간쟁하다가 피살당하자 그 아들 리정理貞이 모친 설화씨契和氏를 모시고 도주하다가 녹읍鹿邑에 정착하게 되었다. 도중에 오얏(자두)열매를 먹고 살아남았으므로 '목자木子'에게 보답하기 위해서 음이 같은 '리李'로 바꾸었다는 것이다.

④ 名耳 字聃명이 자담

색은 살펴보니 허신이 말했다. "담聃은 귀가 늘어진 것이다." 그러므로 이름이 이耳이고 자가 담聃이다. 어떤 판본에서 자가 백양伯陽이라고 한 것은 바르지 않다. 그러나 노자의 호號는 백양보伯陽父인데 여기〈노자열전〉에서는 일컫지 않았다.

按 許愼云耼 耳曼也 故名耳 字耼 有本字伯陽 非正也 然老子號伯陽父 此傳不稱也

정의 담耼은 귀가 늘어져서 귓바퀴가 없는 것이다.《신선전》에서 "밖에서의 자는 담耼이라고 한다."라고 말한다. 살펴보니 자이고 호號이다. 아마 노자는 귀가 늘어져서 귓바퀴가 없었으므로 세상에서 '담耼'이라고 부른 듯하다.

耼 耳漫無輪也 神仙傳云 外字曰耼 按 字 號也 疑老子耳漫無輪 故世號曰耼

⑤ 周守藏室之史也주수장실지사야

색은 살펴보니 장실사藏室史는 주나라 도서관의 관리이다. 또《한서》〈장창전〉에서 "노자는 주하사柱下史가 되었다."라고 하니, 아마 곧 도서관의 기둥 아래에서 일했기 때문 관직명으로 삼은 듯하다.

按 藏室史 周藏書室之史也 又張蒼傳老子爲柱下史 蓋卽藏室之柱下 因以爲官名

정의 藏의 발음은 '장[在浪反]'이다.

藏 在浪反

신주 이는 주나라 장서실에 있던 사관을 뜻한다.《사기》〈장승상전張丞相傳〉의《색은》주석에서는 "주나라와 진나라에는 모두 주하사柱下史가 있었는데 어사御史를 이른다. 주하사는 업무를 관장할 때나 임금을 모실 때 늘 궁전의 기둥 밑에 있었다. 그래서 노담을 주하사라 한 것이다.[周秦皆有柱下史 謂御史也 所掌及侍立 恒在殿柱之下 故老耼爲柱下史]"라고 설명하고 있다. 이때의 어사에 대해서는《주례주소周禮注疏》의〈천관총재

天官冢宰〉나 〈춘관종백春官宗伯〉에는 '찬서贊書를 관장하는 직책'이라고
나온다.

공자는 주나라에 가서 노자에게 나아가 예를 물었다.[①] 노자가
말했다.

"그대가 말한 것은 그 말을 한 사람들이 모두 뼈와 함께 이미 썩
어버려서 다만 그들의 말만 남아 있을 뿐이오. 또 군자란 때를 얻
으면 수레를 타고 (벼슬을 하고) 때를 얻지 못하면 날리는 쑥대처럼
떠돌 뿐이오.[②] 내가 듣자니, 장사를 잘하는 자는 (보화를) 깊이 저
장해두고 비어 있는 것처럼 보이게 하고, 군자는 성대한 덕을 가
지고 있지만 그 용모를 어리석은 사람처럼 꾸민다고 했소.[③] 그대
는 교만한 기색과 많은 욕심과 꾸민 외모와 방탕한 뜻을 버리시
오.[④] 이것들은 모두 그대 자신에게 보탬이 없을 것이오. 내가 그
대에게 고하는 것은 이런 것일 따름이오."

공자는 그 자리를 떠나서 제자들에게 말했다.[⑤]

"새라면 나는 그것이 날 수 있음을 안다. 물고기라면 나는 그것
이 헤엄칠 수 있음을 안다. 짐승이라면 나는 그것이 달릴 수 있
음을 안다. 달리는 것은 그물로 잡을 수 있고 헤엄치는 것은 낚
시로 잡을 수 있고 나는 것은 주살로 쏠 수 있다. 그러나 용龍
에 이르면 나는 어떻게 바람과 구름을 타고 하늘로 오르는지 알
지 못한다. 나는 오늘에야 노자를 만나보았는데 그는 용과 같
았다![⑥]"

孔子適周 將問禮於老子① 老子曰 子所言者 其人與骨皆已朽矣 獨其言
在耳 且君子得其時則駕 不得其時則蓬累而行② 吾聞之 良賈深藏若虛
君子盛德容貌若愚③ 去子之驕氣與多欲 態色與淫志④ 是皆無益於子
之身 吾所以告子 若是而已 孔子去 謂弟子曰⑤ 鳥 吾知其能飛 魚 吾知
其能游 獸 吾知其能走 走者可以爲罔 游者可以爲綸 飛者可以爲矰 至
於龍 吾不能知其乘風雲而上天 吾今日見老子 其猶龍邪⑥

① 將問禮於老子장문예어노자

색은 《대대례》의 기록에도 또한 그러하다고 하였다.

大戴記亦云然

② 蓬累而行봉루이행

색은 유씨가 말했다. "봉루蓬累는 부지扶持와 같다. 累의 발음은 '우[六
水反]'이다. 설명하는 자가 말하기를 머리에 물건을 이고 양손으로 붙잡고
가는 것을 일러 봉루라고 한다." 살펴보니 봉蓬은 덮개이고 누累는 따르
는 것이다. 말하건대 만약 현명한 군주를 만나면 수레를 타고 면류관을
쓰며 때를 만나지 못하면 스스로 덮고 서로 이끌고 떠날 뿐이다.

劉氏云 蓬累猶扶持也 累音六水反 說者云頭戴物 兩手扶之而行 謂之蓬累也
按 蓬者 蓋也 累者 隨也 以言若得明君則駕車服冕 不遭時則自覆蓋相攜隨而
去耳

정의 봉蓬은 모래나 자갈밭 위로 쑥이 굴러다니는 것이다. 누累는
굴러다니는 모양이다. 군자가 현명한 군주를 얻으면 수레를 타고 일을
하며, 때를 만나지 못하면 쑥이 굴러 떠돌며 옮겨 다니는 것과 같다가

멈출 수 있으면 멈춘다는 말이다. 봉蓬은 그 모양이 흰 쑥 같은데 가느다란 잎사귀에 덩굴로 사막 안에서 자라 바람이 불면 뿌리가 끊어져 바람을 따라 굴러 옮겨 다닌다. 파호蟠蒿는 강동에서 사호斜蒿라고 부른다.

蓬 沙磧上轉蓬也 累 轉行貌也 言君子得明主則駕車而事 不遭時則若蓬轉流移而行 可止則止也 蓬 其狀若蟠蒿 細葉 蔓生於沙漠中 風吹則根斷 隨風轉移也 蟠蒿 江東呼爲斜蒿云

③ 良賈深藏若虛~容貌若愚양고심장약허~용모약우

[색은] 양고良賈는 재화를 잘 매매하는 사람을 이른다. 賈의 발음은 '고古'이다. 심장深藏은 그 보화를 숨겨 사람으로 하여금 보지 못하게 하는 것을 이른다. 그러므로 '약허若虛'라고 하였다. 군자는 자신에게 성대한 덕이 있지만 그 용모는 겸손하게 물러나서 어리석은 사람인 것처럼 하는 것이 있다. 혜강의《고사전》에도 이 말이 실려 있는데 문장은 조금 다르다. 이르기를 "뛰어난 장사꾼은 깊이 저장하지만 겉모습은 빈 듯이 하며, 군자는 덕을 채우지만 용모는 부족한 듯이 한다."이다.

良賈謂善貨賣之人 賈音古 深藏謂隱其寶貨 不令人見 故云若虛 而君子之人身有盛德 其容貌謙退有若愚魯之人然 嵇康高士傳亦載此語 文則小異 云良賈深藏 外形若虛 君子盛德 容貌若不足也

④ 態色與淫志태색여음지

[정의] 방자한 태도의 얼굴색과 음욕의 뜻은 모두 선생께 보탬이 없으니, 모름지기 버려서 없애라는 것이다.

恣態之容色與淫欲之志皆無益於夫子 須去除也

⑤ 孔子去 謂弟子曰공자거 위제자왈

신주 〈공자세가〉와 기타 기록들을 참고하면 공자가 주나라에 다녀온 것은 30세 전후이고, 동행한 사람은 남궁경숙南宮敬叔과 동자 한 명이었다. 그 당시에는 제자들이 없을 때였다. 공자가 이런 말을 했더라도 훗날 제자들을 가르치면서 했을 것이다.

⑥ 吾今日見老子 其猶龍邪오금일견노자 기유용야

신주 《사기지의》에서 "노자의 말은 지극하지 않은데, 어찌 갑자기 그가 용 같다고 찬탄하는가! 이는 본래 《장자》 〈천운〉에 있지만, 《장자》에는 우언이 많은데 갑자기 실록으로 게제 되는 것이 옳은 것인가? 앞서 현인들이 그 허망함을 변증했다."라고 하였다. 《사기지의》의 저자 양옥승은 우화로 꾸민 이야기를 역사 실록으로 게재했다고 사마천을 비판한 것이다.

그런데 공자가 노자를 만났다는 것을 부정한 연구도 많다. 송宋나라 섭적葉適(1150~1223)은 《학습기언學習記言》에서 둘의 만남을 부인했고, 송나라 송말宋末 원초元初의 나벽羅璧(1244~1309)도 《나씨식유羅氏識遺》에서 둘의 만남을 부인했다. 청나라 때 고증학자 최술崔述(1740~1816)은 《주사고신록洙泗考信錄》에서 《논어》에 공자가 여러 은사들을 만난 기록이 있는데, 노자를 만난 기록이 없다는 것은 실제 만남이 없었기 때문이라는 것이다.

> 노자는 도道와 덕德을 닦고 그 학문을 배웠지만 스스로 숨어서 그 이름을 없애는데 힘썼다. 주나라에 거주한 지 오래되었는데

주나라의 도道가 쇠약한 것을 보고 이에 마침내 떠났다. 관문에 이르자 관령關令 윤희尹喜가 말했다.

"선생은 장차 숨으시려는구려. 억지로라도 나를 위해 글을 지어 주시오."

이에 노자가 상편과 하편의 글을 지어① 도와 덕의 뜻으로 5,000여 자를 말해 주고 떠났는데 그가 끝마친 바를 알지 못한다.②

어떤 이가 말하기를 노래자老萊者도 초나라 사람으로③ 15편의 저서가 있는데 도가道家의 쓰임새를 말했고 공자와 동시대 사람이라고 한다. 대개 노자는 160여 세까지 살았다고 하지만 어떤 이는 200여 세까지 살았다고 말했는데④ 그는 도道를 닦아서 수명을 길렀다고 한다.

老子脩道德 其學以自隱無名爲務 居周久之 見周之衰 迺遂去 至關 關令尹喜曰 子將隱矣 彊爲我著書 於是老子迺著書上下篇① 言道德之意五千餘言而去 莫知其所終② 或曰 老萊子亦楚人也③ 著書十五篇 言道家之用 與孔子同時云 蓋老子百有六十餘歲 或言二百餘歲④ 以其脩道而養壽也

① 彊爲我著書~於是老子迺著書上下篇강위아저서~어시노자내저서상하편

색은 이우의 《함곡관명》에서 "윤희가 노자를 머무르게 해서 2편을 지었다."라고 했는데, 최호가 윤희를 또 산관령으로 삼았다고 한 것이 이것이다.

李尤函谷關銘云尹喜要老子留作二篇 而崔浩以尹喜又爲散關令是也

정의 《포박자》에서 말한다. "노자가 서쪽으로 유람하다가 관령 윤희

를 산관에서 만났는데 윤희를 위해 《도덕경》 1권을 저술해서 《노자》라고 일렀다." 어떤 이는 함곡관이라고 여겼다. 《괄지지》에서 말한다. "산관은 기주岐州 진창현 동남쪽 52리에 있다. 함곡관은 섬주陝州 도림현 서남쪽 12리에 있다." 强의 발음은 '걍[其兩反]'이고 爲의 발음은 '위[于僞反]'이다.

抱朴子云 老子西遊 遇關令尹喜於散關 爲喜著道德經一卷 謂之老子 或以爲函谷關 括地志云 散關在岐州陳倉縣東南五十二里 函谷關在陝州桃林縣西南十二里 强 其兩反 爲于僞反

신주 산관은 관중關中의 서남쪽 관문으로, 한중漢中으로 가는 길목이다. 이 길이 유명해진 것은 《삼국지연의》의 제갈량 때문이다.

② 莫知其所終막지기소종

집해 《열선전》에서 말한다. "관령 윤희는 주나라 대부이다. 내학(참위설)과 천문학을 좋아하고 꽃가루를 복용했으며 덕을 숨기고 인을 행했지만 당시 사람들은 알지 못했다. 노자가 서쪽으로 떠날 때 윤희는 먼저 그 기를 보고 진인眞人이 마땅히 지나갈 것으로 알고 사물의 색과 자취를 살폈는데 과연 노자를 만났다. 노자도 그가 뛰어남을 알고 책을 지어 주었다. 노자와 함께 사막의 서쪽으로 가서 신승실臣勝實을 복용했는데, 어디에서 마쳤는지 모른다. 또한 저서 9편을 지었는데 이름이 《관령자》이다."

列仙傳曰 關令尹喜者 周大夫也 善內學星宿 服精華 隱德行仁 時人莫知 老子西游 喜先見其氣 知眞人當過 候物色而迹之 果得老子 老子亦知其奇 爲著書 與老子俱之流沙之西 服臣勝實 莫知其所終 亦著書九篇 名關令子

색은 《열선전》은 곧 유향이 기록한 것이다. 사물의 색이나 자취는 그 사물에서 기운이 특이한 색이 있는 것을 보고 자취를 찾는 것을 이른다. 또 살펴보니 《열선전》에서 말한다. "노자가 서쪽으로 떠날 때 관령 윤희는 자색紫色의 기가 관關에 떠 있는 것을 바라보았더니 노자가 과연 푸른 소를 타고 지나갔다."

列仙傳是劉向所記 物色而迹之 謂視其氣物有異色而尋迹之 又按 列仙傳老子西遊 關令尹喜望見有紫氣浮關 而老子果乘青牛而過也

③ 老萊子亦楚人也노래자역초인야

[정의] 태사공은 노자가 혹시 이 노래자老萊子인지 의심했으므로 기록했다. 《열선전》에서 말한다. "노래자는 초나라 사람이다. 당시는 난세여서 세상에서 도망쳐 몽산蒙山의 남쪽에서 밭을 갈고 골풀과 갈대로 담을 만들고 쑥대로 방을 만들고 지팡이로 침상을 만들고 톱풀과 쑥으로 자리를 만들고 황기를 절여서 먹고 산을 개간하고 오곡을 파종했다. 초나라 왕이 문에 이르러 맞이했지만 마침내 떠나서 강남에 이르러 머물렀다. 이르기를 '새와 짐승의 빠진 털로 옷을 만들 수 있고 그 남겨진 쌀알을 먹으면 족하다.'고 했다."

太史公疑老子或是老萊子 故書之 列仙傳云 老萊子 楚人 當時世亂 逃世耕於蒙山之陽 荒葭爲牆 蓬蒿爲室 杖木爲牀 蓍艾爲席 菹芰爲食 墾山播種五穀 楚王至門迎之 遂去 至於江南而止 曰 鳥獸之解毛可績而衣 其遺粒足食也

④ 或言二百餘歲혹언이백여세

[색은] 이 앞의 옛날 호사자好事者들이 《외전》《국어》에 의거해서 노자의 생년을 공자 때까지 이르게 했으므로 160세라고 했다. 어떤 이가 200여 세라고 말한 것은 곧 주나라 태사 담儋을 노자라고 여겼으므로 200여 세

라고 한 것이다.

此前古好事者據外傳 以老子生年至孔子時 故百六十歲 或言二百餘歲者 即以
周太史儋爲老子 故二百餘歲也

[정의] 개蓋와 혹或은 모두 의문사이다. 세상에서 정확히 알지 못했으므
로 개蓋와 혹或이라고 말했다. 옥청玉淸이 이르기를 노자는 주나라 평왕
平王 때에 (주나라가) 쇠약해지는 것을 보고 떠났다고 한다. 〈공자세가〉에
서, 공자가 노자에게 예를 물은 것이 주나라 경왕景王 때였으니 공자는
아마 30세였을 것인데 주평왕으로부터 지나간 세월이 12대나 된다. 여
기 전기에 이르기를 태사 담은 곧 노자이고 진헌공秦獻公은 열왕烈王과
동시대 사람인데 주평왕에서부터 지나간 세월이 21대나 된다. 설명하는
자가 한결같지 않아서 (사실을) 알 수 없다. 그러므로 《갈선공서》에서 말
한다. "노자는 자연에서 체득하고 태시太始 앞에서 태어나서 인연이 없
는 것에서 일어나고 천지의 종시終始를 거쳤으니 일컬어 싣는 것은 불가
하다."

蓋 或 皆疑辭也 世不旳知 故言蓋及或也 玉淸云老子以周平王時見衰 於是
去 孔子世家云孔子問禮於老子在周景王時 孔子蓋年三十也 去平王十二王
此傳云儋卽老子也 秦獻公與烈王同時 去平王二十一王 說者不一 不可知
也 故葛仙公序云老子體于自然 生乎大始之先 起乎無因 經歷天地終始 不
可稱載

공자가 죽고 나서 129년 뒤[①] 역사 기록에 주나라 태사 담儋이
진헌공秦獻公을 보고 말했다.

> "처음의 진秦나라는 주周나라와 함께 합하고 합한 지 500년 만에
> 갈라지고 갈라진 지 70년 만에 패왕霸王이 나올 것이다.②"
> 어떤 이는 말하기를 담儋이 곧 노자라고 했고 어떤 이는 아니라고
> 했는데 세상에서는 그러한지 아닌지를 알 길이 없다. 노자는 숨
> 어사는 군자였다.
> 自孔子死之後百二十九年① 而史記周太史儋見秦獻公曰 始秦與周合
> 合五百歲而離 離七十歲而霸王者出焉② 或曰儋卽老子 或曰非也 世莫
> 知其然否 老子 隱君子也

① 孔子死之後百二十九年공자사지후백이십구년
[집해] 서광이 말했다. "실제는 119년이다."
徐廣曰 實百一十九年

② 始秦與周合~而霸王者出焉시진여주합~이패왕자출언
[색은] 살펴보니 〈주본기〉와 〈진본기〉에 나란히 일러 말했다. "처음에 주
나라는 진나라와 함께 합했다가 갈라지며 갈라진 지 500년 만에 또 합
하고, 합한 지 70년 만에 패왕이 나올 것이다." 그리하여 이곳의 전傳과
갈라지고 합하는 것이 바로 반대되니 그 의의를 살펴보면 또한 나란히
서로 어그러지지는 않는다.
按 周秦二本紀竝云始周與秦國合而別 別五百載又合 合七十歲而霸王者出 然
與此傳離合正反 尋其意義 亦竝不相違也

노자의 아들은 이름이 종宗이다. 종은 위魏나라 장수가 되어 단간段干에 봉해졌다.① 종의 아들은 주注②이다. 주의 아들은 궁宮이다. 궁의 현손은 가假③이다. 가는 한나라 효문제 때 벼슬했다. 가의 아들 해解는 교서왕膠西王 앙卬의 태부가 되었는데 이로 인해 제나라에서 집안을 이루었다.

세상에서 노자를 배우는 자는 유학을 배척했고,④ 유학자들도 노자를 배척했다. "길이 같지 않으면 서로 일을 도모하지 못한다."라고 한 것이 일찍이 이를 이른 것인가? 이이李耳는 무위無爲로써 스스로 변화하고 청정淸淨으로써 스스로 바르게 한 것이다.⑤

老子之子名宗 宗爲魏將 封於段干① 宗子注② 注子宮 宮玄孫假③ 假仕於漢孝文帝 而假之子解爲膠西王卬太傅 因家于齊焉 世之學老子者則紬④儒學 儒學亦紬老子 道不同不相爲謀 豈謂是邪 李耳無爲自化 淸靜自正⑤

① 封於段干봉어단간

【집해】 이곳에서 '봉어단간封於段干'이라 했는데 단간段干은 응당 위魏의 읍 이름이다. 〈위세가〉에는 단간목段干木과 단간자段干子가 있고 〈전완세가〉에는 단간붕段干朋이 있는데, 아마 이 세 사람 성이 단간段干이다. 본래는 대개 읍을 따라 성으로 삼는다. 《좌전》에서 이른바 '읍역여지邑亦如之'라고 한 것이 이것이다. 《풍속통》의 씨성주氏姓注에 이르기를 단段은 성이고 간목干木은 이름이라고 했는데 아마 잘못일 것이다. 천하에서 스스로 분별해 단段이란 성이 있는데 어찌 반드시 단간목이라 하겠는가?

此云封於段干 段干應是魏邑名也 而魏世家有段干木段干子 田完世家有段干
朋 疑此三人是姓段干也 本蓋因邑爲姓 左傳所謂邑亦如之是也 風俗通氏姓注
云姓段 名干木 恐或失之矣 天下自別有段姓 何必段干木邪

신주 종宗은 세월이 오래된 것으로 보아 노자의 아들이기보다 후예일
것이다.

② 注주

색은 注의 발음은 '주鑄'이다.

音鑄

정의 注의 발음은 '주[之樹反]'이다.

之樹反

③ 假가

색은 假의 발음은 '가[古雅反]'이다.

音古雅反

정의 '하瑕'로 되어 있는데 瑕의 발음은 '하霞'이다.

作瑕 音霞

④ 絀출

색은 살펴보니 絀의 발음은 '출黜'이다. 출黜은 물리쳐서 뒤로 삼는 것
이다.

按 絀音黜 黜 退而後之也

⑤ 無爲自化 淸靜自正무위자화 청정자정

[색은] 이것은 태사공이 그 행적과 사업에 따라서 해당 편의 끝에서 이 말로써 결론지은 것으로 또한 곧 찬술이다. 살펴보니 《노자》에서 "내가 꾸밀 게 없으면 백성이 스스로 변화하고 내가 고요한 것을 좋아하면 백성은 스스로 바르게 된다."라고 했으니, 이것은 옛사람이 평론한 노담의 덕이다. 그러므로 태사공이 이를 인용해서 기록한 것이다.

此太史公因其行事 於當篇之末結以此言 亦是贊也 按 老子曰我無爲而民自化 我好靜而民自正 此是昔人所評老聃之德 故太史公於此引以記之

[정의] 이것은 모두 노자의 가르침을 결론지은 것이다. 만드는 바가 없으면 스스로 변화하고 청정하여 흔들지 않는다면 백성은 스스로 바른 곳으로 돌아간다는 말이다.

此都結老子之教也 言無所造爲而自化 淸淨不撓而民自歸正也

노자의 부류 장자

장자는 몽蒙^① 사람이며 이름은 주周이다. 장주는 일찍이 몽 칠원
漆園의 관리가 되었으며^② 양혜왕梁惠王, 제선왕齊宣王과 동시대
사람이다. 그의 학문은 언급하지 않은 게 없었지만, 그의 요체와
본질은 노자의 말에 귀결된다. 그래서 그의 저서는 10여만 자나
되는데 대개 우언寓言에서 본떴다.^③

莊子者 蒙^①人也 名周 周嘗爲蒙漆園吏^② 與梁惠王齊宣王同時 其學無
所不闚 然其要本歸於老子之言 故其著書十餘萬言 大抵率寓言也^③

① 蒙몽

집해 〈지리지〉에서 몽현蒙縣은 양국에 속한다.

地理志蒙縣屬梁國

색은 〈지리지〉에서 몽현은 양국에 속한다. 유향의 《별록》에서 송宋나라
몽蒙 사람이라고 했다.

地理志蒙縣屬梁國 劉向別錄云宋之蒙人也

곽연생은《술정기》에서 몽현은 장주의 본읍이라고 했다.

郭緣生述征記云蒙縣 莊周之本邑也

신주 현재 실제 기자箕子의 무덤이 있는 곳이다. 춘추시대 송나라와 조曹나라 국경지대였다.

② 漆園吏칠원리

정의 《괄지지》에서 말한다. "칠원 옛 성은 조주曹州 원구현冤句縣 북쪽 17리에 있다." 여기에서 이르기를 장주는 칠원의 관리가 되었다고 한 것이 곧 이곳이다. 살펴보니 그 성은 옛날에 몽현에 속했다.

括地志云 漆園故城在曹州冤句縣北十七里 此云莊周爲漆園吏 即此 按 其城古屬蒙縣

③ 大抵率寓言也대저율우언야

색은 대저大抵는 대략과 같은 말이다. 그 글이 10여만 마디인데 거의 대부분이 주인과 객을 세워 본떠서 상대하게 한 말이다. 그러므로 '우언偶言'이라고 일렀다. 또 偶의 발음은 우寓이다. 우寓는 기寄(빌리다)이다. 그러므로《별록》에서 말한다. "사람의 성명을 만들어 서로 더불어 말하게 하고 그 사람에게 이야기를 빌렸다. 그러므로《장자》에 〈우언〉이 있다."

大抵猶言大略也 其書十餘萬言 率皆立主客 使之相對語 故云偶言 又音寓 寓寄也 故別錄云作人姓名 使相與語 是寄辭於其人 故莊子有寓言篇

정의 率의 발음은 '율律'이다. 寓의 발음은 '우遇'이다. 율은 유類와 같다. 우는 기寄이다.

率音律 寓音遇 率猶類也 寓 寄也

〈어부漁父〉, 〈도척盜跖〉, 〈거협胠篋〉을 지어서① 공자孔子의 무리를 들추어내서 나무라고② 노자의 술術을 밝혔다. 〈외루허畏累虛〉와 〈경상자亢桑子〉의 종류③는 모두 가공의 언어이고 사실이 아닌 것들이다. 그러나 글을 잇고 문맥을 가르는 것을 잘하여④ 사물의 이치를 명백히 논하고 실정을 비유하며 유자儒者와 묵가墨家를 사납게⑤ 깎아내림으로써 비록 당세에 학문을 오래한 사람일지라도 스스로 벗어나지 못했다. 그의 말은 넓고 성대하며 자기 마음대로여서⑥ 왕王과 공公과 대인大人들도 마음대로 그를 부릴 수가 없었다.

作漁父盜跖胠篋① 以詆訿孔子之徒② 以明老子之術 畏累虛亢桑子之屬③ 皆空語無事實 然善屬書離辭④ 指事類情 用剟⑤剝儒墨 雖當世宿學不能自解免也 其言洸洋自恣以適已⑥ 故自王公大人不能器之

① 作漁父盜跖胠篋작어부도척거협

[색은] 거협胠篋은 개협開篋과 같은 말이다. 胠의 발음은 '거袪'인데 또 '거去'로 발음한다. 篋의 발음은 '겹[去劫反]'이다.

胠篋猶言開篋也 胠音袪 亦音去 篋音去劫反

[정의] 胠의 발음은 '거[丘魚反]'이고 篋의 발음은 '겹[苦頰反]'이다. 거胠는 여는 것이다. 협篋은 상자의 종류이다. 이것은 《장자》 세 편의 이름으로 모두 옛날의 성군聖君과 현신과 공자의 무리를 헐뜯고 나무라는 내용인데, 명예를 영위하고 구하는 것은 모두 자신을 죽이는 것이지 본 바탕을 품어서 진리에 맡기는 길이 아니라는 것이다.

胠音丘魚反 篋音苦頰反 胠 開也 篋 箱類也 此莊子三篇名 皆誣毁自古聖君賢

臣孔子之徒 營求名譽 咸以喪身 非抱素任眞之道也

② 詆訛孔子之徒저자공자지도

[색은] 저詆는 들추는 것이다. 詆의 발음은 '저邸'이다. 訛의 발음은 '자紫'이다. 들추어내어 공자를 헐뜯은 것을 이른다.

詆 訐也 詆音邸 訛音紫 謂詆訐毀訾孔子也

③ 畏累虛亢桑子之屬외루허경상자지속

[색은] 살펴보니《장자》〈외루허〉는 편 이름이다. 곧 노담의 제자 외루이다. 추탄생은 畏의 발음은 '외[於鬼反]'이고 累의 발음은 '루壘'라고 했다. 유씨는 畏의 발음은 '외[烏罪反]'이고 累의 발음은 '뇌[路罪反]'라고 했다. 곽상은 '지금의 동래'라고 했다. 亢의 발음은 '경庚'이다. 경상자는 왕소본에는 '경상庚桑'으로 되어 있다. 사마표는 경상은 초나라 사람의 성명이라고 했다.

按 莊子畏累虛 篇名也 卽老聃弟子畏累 鄒氏畏音於鬼反 累音壘 劉氏畏音烏罪反 累路罪反 郭象云今東萊也 亢音庚 亢桑子 王劭本作庚桑 司馬彪云庚桑楚人姓名也

[정의]《장자》에서 말한다. "경상초庚桑楚는 노자의 제자이며 북쪽의 외루산에서 살았다." 성막은 "산은 노나라에 있고 또한 심주深州에 있다고도 이른다."라고 했다. 이 편은 경상초를 빌려 지극한 사람의 덕과 삶을 지키는 길을 밝힌 것인데, 마른 나무처럼 정이 없고 꺼진 재처럼 마음이 없어서, 재앙과 복이 이르지 않으니 어찌 다른 사람의 재앙이 있겠느냐는 말이다.《장자》잡편雜篇의〈경상초〉이하는 모두 공허하게 언어를 베풀어 사실이 없다는 말이다.

莊子云 庚桑楚者 老子弟子 北居畏累之山 成瑛云 山在魯 亦云在深州 此篇寄
庚桑楚以明至人之德 衛生之經 若槁木無情 死灰無心 禍福不至 惡有人災 言
莊子雜篇庚桑楚已下 皆空設言語 無有實事也

④ 屬書離辭촉서이사

[정의] 屬의 발음은 '촉燭'이다. 이사離辭는 그 이야기를 분석한 구절과
같다.

屬音燭 離辭猶分析其辭句也

⑤ 剽표

[정의] 剽의 발음은 '표[疋妙反]'이다. 표剽는 공격하는 것과 같다.

剽 疋妙反 剽猶攻擊也

⑥ 洸洋自恣以適己광양자자이적기

[색은] 洸洋의 발음은 '왕양汪羊'이다. 또 '황양晃養'으로도 발음한다.
또한 어떤 판본에는 '양瀁' 자로 되어 있다.

洸洋音汪羊二音 又音晃養 亦有本作瀁字

[정의] 洋의 발음은 '상翔'이다. 己의 발음은 '기紀'이다.

洋音翔 己音紀

초나라 위왕威王 ① 은 장주가 현명하다는 소문을 듣고 사신을 시
켜 풍부한 예물로 맞이하여 재상으로 삼는 것을 허락했다. 장주가

웃으면서 초나라 사신에게 말했다.

"천금이란 매우 이로운 것이고 경상卿相이란 높은 지위입니다. 그러나 그대는 교제郊祭에 쓰이는 희생용 소를 보지 못했습니까? 먹이를 주어 수년을 기르고 무늬 있는 옷을 입혀 태묘太廟로 들여보냅니다. 이때 비록 작은 돼지가 되고자 한들 어찌 되겠습니까.②
그대는 빨리③ 떠나서 나를 더럽히지④ 마십시오. 나는 차라리 더러운 도랑⑤에서 놀며 그 안에서 스스로 시원해할 것이지 나라를 가진 자에게 얽매이지 않은 것이고 종신토록 벼슬하지 않은 채 나의 뜻을 즐겁게 할 것이오.⑥"

楚威王①聞莊周賢 使使厚幣迎之 許以爲相 莊周笑謂楚使者曰 千金
重利 卿相 尊位也 子獨不見郊祭之犧牛乎 養食之數歲 衣以文繡 以入
大廟 當是之時 雖欲爲孤豚 豈可得乎② 子亟③去 無汚④我 我寧游戲汚
瀆⑤之中自快 無爲有國者所羈 終身不仕 以快吾志焉⑥

① 楚威王초위왕

정의　위왕 원년은 주나라 현왕顯王 30년에 해당한다.

威王當周顯王三十年

② 孤豚 豈可得乎고돈 기가득호

색은　고孤는 소小이고 한 마리의 희생이다. 작은 돼지가 되기를 바라지만 그렇게 할 수 없는 것이다.

孤者 小也 特也 願爲小豚不可得也

정의　무리 짓지 않는 것이다. 돈豚은 작은 돼지이다. 재宰(도살당할 때)에 다다랐을 때 홀로 작은 돼지가 되는 것을 바라지만 그렇게 될 수 없는 것이다.

不群也 豚 小豬 臨宰時 願爲孤小豚不可得也

③ 亟극

색은 亟의 발음은 '극棘'이다. 극亟은 다급함과 같다.

音棘 亟猶急也

④ 汙오

색은 汙의 발음은 '오[烏故反]'이다.

汙音烏故反

⑤ 汙瀆오독

색은 汙瀆의 발음은 '오독烏讀'이다. 오독은 황오의 작은 도랑이다.

音烏讀二音 汙瀆 潢汙之小渠瀆也

⑥ 以快吾志焉이쾌오지언

정의 《장자》에서 말한다. "장자가 복수濮水 가에서 낚시를 하는데 초왕이 대부를 시켜 가서 말하게 하기를 '바라건대 국내 일로 장자에게 누를 끼치려 합니다.'라고 했다. 장자가 낚싯대를 잡고 돌아보지 않으면서 말하기를 '내가 듣자니, 초나라에 죽은 지 2,000년이나 된 신령스러운 거북이 있는데 묘당 위의 보자기 상자에 감추어져 있다고 했습니다. 이 거북처럼 차라리 죽어서 뼈를 남겨 귀해지겠습니까, 차라리 살아서 꼬리를 진흙 속에서 끌고 다니겠습니까?'라고 하자 대부가 말하기를 '차라리

꼬리를 진흙 속에서 끌고 다니겠습니다.'라고 했다. 장자가 말하기를 '돌아
가시오. 나는 장차 진흙 속에서 꼬리를 끌고 다니겠소.'라고 했다." 이 열전
과는 동일하지 않다.

莊子云 莊子釣於濮水之上 楚王使大夫往 曰 願以境內累莊子 持竿不顧 曰 吾
聞楚有神龜 死二千歲矣 巾笥藏之廟堂之上 此龜寧死爲留骨而貴乎 寧生曳尾
泥中乎 大夫曰 寧曳尾塗中 莊子曰 往矣 吾將曳尾於塗中 與此傳不同也

신불해와 한비

신불해는 경京 사람이며^① 옛 정鄭나라의 낮은 신하였다. 법가
法家의 학술을 배워^② 한韓나라 소후昭侯에게 등용되기를 구하니
소후가 등용해서 재상으로 삼았다. 이에 안으로는 정치와 교육을
닦고 밖으로는 제후들과 응한 지 15년이나 되었다. 신불해 자신이
죽을 때까지 국가는 잘 다스려지고 군사력은 강해져서 한나라를
침범하는 자가 없었다.^③

신불해의 학문은 황제黃帝와 노자老子에 근본을 두었고^④ 형명刑
名(법가 사상)을 주장했다. 저서 2편이 있는데 《신자》라고 불렀다.^⑤

申不害者 京人也^① 故鄭之賤臣 學術^②以干韓昭侯 昭侯用爲相 內脩政
敎 外應諸侯 十五年 終申子之身 國治兵彊 無侵韓者^③ 申子之學本於
黃老^④而主刑名 著書二篇 號曰申子^⑤

① 申不害者 京人也신불해자 경인야

[색은] 신자申子의 이름은 불해이다. 살펴보니 《별록》에서 말한다. "경京
은 지금의 하남군 경현이 이곳이다."

申子名不害 按 別錄云京 今河南京縣是也

정의 《괄지지》에서 말한다. "경현 옛 성은 정주鄭州 형양현 동남쪽 20리에 있는데 정나라 경읍이다."

括地志云 京縣故城在鄭州滎陽縣東南二十里 鄭之京邑也

② 學術학술

색은 살펴보니 術술은 곧 형명의 법술이다.

按 術卽刑名之法術也

③ 國治兵彊 無侵韓者국치병강 무침한자

색은 왕소가 살펴보니 《기년》에 "한소후 시대에는 전쟁과 침략이 자주 교차했다."라고 하여 이곳의 말과는 다르다.

王劭按 紀年云韓昭侯之世 兵寇屢交 異乎此言矣

④ 本於黃老본어황로

신주 황제黃帝와 노자老子이다. 원래는 노장사상이지만 뒤로 갈수록 신선술, 불로장생, 속세탈출 등 보신술과 허무주의 등으로 흘러 본질을 잃었다.

⑤ 號曰申子호왈신자

집해 유향의 《별록》에서 말한다. "지금 민간에 상하 2편과 중서中書(궁중서고)에 6편이 있는데, 모두 합해서 2편이다. 이미 갖춰져 있는데 태사공이 지나칠 정도로 기록했다."

劉向別錄曰 今民間所有上下二篇 中書六篇 皆合二篇 已備 過於太史公所記也

지금 민간에 상하 2편과 중서에 6편이 있는데, 그 편의 말을 모두 합쳐서 상하 2편으로 만들었다. 책이 이미 갖춰져 있는데 태사공이 지나칠 정도로 기록했다.

今人間有上下二篇 又有中書六篇 其篇中之言 皆合上下二篇 是書已備 過於太史公所記也

완효서의 《칠략》에서 《신자》는 3권이라고 했다.

阮孝緒七略云申子三卷也

한비韓非는① 한韓나라 공자이다. 형명刑名과 법술法術의 학문을 좋아했는데② 황제와 노자의 근본에 귀결되었다.③ 한비는 말이 어눌해서④ 말로 도를 잘 설명하지 못했지만 글은 잘 썼다. 이사李斯와 함께 순경荀卿(순자)⑤을 섬겼는데 이사는 스스로 한비만 못하다고 여겼다.

韓非者① 韓之諸公子也 喜刑名法術之學② 而其歸本於黃老③ 非爲人口吃④ 不能道說 而善著書 與李斯俱事荀卿⑤ 斯自以爲不如非

---

① 韓非者한비자

완효서의 《칠략》에서 말한다. "《한비자》 20권이다." 〈한세가〉에서 말한다. "왕 안安 5년에 한비는 진秦나라에 사신으로 갔다. 9년에 왕 안은 포로로 잡히고 한나라는 마침내 망했다."

阮孝緒七略云 韓子二十卷 韓世家云 王安五年 非使秦 九年 虜王安 韓遂亡

한비자는 원래 '한자韓子'였으나 나중에 당나라 한유가 한자로 불리는 바람에 한비자로 불리게 되었다. 저서의 이름을 따랐다고도 하고 유학자들이 격하해서 그랬다는 설도 있다. 여기서는 이름과 저서를 모두 '한비자'로 번역한다.

② 喜刑名法術之學희형명법술지학

집해 《신서》에서 말한다. "신자申子의 글은 다른 사람의 군주 된 자가 마땅히 術術을 가지고 형형刑을 없게 하고 이로 인해 신하들을 감독하고 꾸짖는데 그 꾸짖음이 심각하므로 '術術'이라고 호칭했다. 상앙이 지은 책의 호칭을 '법法'이라 했다. 모아서 '형명刑名'이라고 하므로 '형명법술의 책'이라고 부른다."

新序曰 申子之書言人主當執術無刑 因循以督責臣下 其責深刻 故號曰術 商鞅 所爲書號曰法 皆曰刑名 故號曰刑名法術之書

색은 저서 30여 편을 《한비자》라고 부른다.

著書三十餘篇 號曰韓子

③ 其歸本於黃老기귀본어황로

색은 살펴보니 유씨가 말했다. "황제와 노자의 법은 번창하고 화려한 것을 숭상하지 않고 맑고 간결해서 무위無爲로 하여, 군주와 신하가 스스로 바르게 하는 것이다. 한비의 의론은 들떠 방탕한 것을 논박하고 꾸짖어 법으로 사사로운 감정 없이 통제하니, 명성과 실질이 서로 알맞다. 그러므로 '황제와 노자에 귀결된다.'라고 했다." 이것은 그 본래 뜻을 얻지 못했다. 지금 살펴보니 《한비자》의 글에는 〈해로〉와 〈유로〉 두 편이 있는데, 이것은 대체로 또한 황로학을 높였을 뿐이다.

按 劉氏云黃老之法不尙繁華 淸簡無爲 君臣自正 韓非之論詆駁浮淫 法制無私

而名實相稱 故曰歸於黃老 斯未爲得其本旨 今按 韓子書有解老喻老二篇 是大
抵亦崇黃老之學耳

④ 吃흘
정의 吃의 발음은 '흘訖'이다.
音訖

⑤ 荀卿순경
정의 《손경자》는 22권이다. 순경의 이름은 황况이고 조趙나라 사람이
며 초나라 난릉蘭陵 현령을 지냈다. 한나라 선제宣帝의 휘(유순劉詢)를 피
해서 성을 손孫이라고 고쳤다.
孫卿子二十二卷 名况 趙人 楚蘭陵令 避漢宣帝諱 改姓孫也

한비는 한韓나라가 세력이 약해지는 것을 보고 자주 글로써 한
왕韓王①에게 간했는데 한왕은 (그 계책을) 채용하지 않았다. 이에
한비는 나라를 다스림에 그 법제法制를 밝게 닦고 권세를 가지
고 그 신하를 부리며 부국강병을 추진해서 사람을 구하고 어진
이에게 맡기는 것에 힘쓰지 않고, 도리어 들뜨고 방탕한 좀벌레
들을 등용하여 공로가 있고 실질에 힘쓰는 사람의 윗자리에 앉
히는 것을 미워했다. 그래서 유학자들은 문文을 사용해 법을 어
지럽히고 협객俠客들은 무武로써 나라에서 금하는 것을 어긴다
고 여겼다.

非見韓之削弱 數以書諫韓王[①] 韓王不能用 於是韓非疾治國不務脩明
其法制 執勢以御其臣下 富國彊兵而以求人任賢 反擧浮淫之蠹而加之
於功實之上 以爲儒者用文亂法 而俠者以武犯禁

① 韓王한왕

색은 한왕 안安이다.

韓王安也

나라가 편안할 때는 명성을 좇는 사람을 총애하고 위급할 때는
갑옷 입고 투구 쓴 무사들[①]을 등용하니 지금 양성하는 신하
는 쓸모가 없고[②] 쓸모 있는 신하를 기르지 않는다.[③] 청렴하고
정직한 이들이 사특하고 굽은 신하들에게 용납되지 못하는 것
을 슬퍼하고[④] 지난날의 잘잘못의 변화를 관찰했다.[⑤] 그러므로
〈고분孤憤〉, 〈오두五蠹〉, 〈내외저內外儲〉, 〈설림說林〉, 〈세난說難〉
등 10여만 자의 말을 지었다.[⑥] 그래서 한비는 유세하는 것이 어
렵다는 것을 알고 〈세난〉을 만들어 글을 상세하게 갖췄지만 마
침내 진秦나라에서 죽임을 당해서 스스로 (유세의 화에서) 벗어나
지 못했다.

寬則寵名譽之人 急則用介冑之士[①] 今者所養非所用[②] 所用非所養[③] 悲
廉直不容於邪枉之臣[④] 觀往者得失之變[⑤] 故作孤憤五蠹內外儲說林說
難十餘萬言[⑥] 然韓非知說之難 爲說難書甚具 終死於秦 不能自脫

① 介冑之士개주지사

정의 개介는 갑옷이다. 주冑는 투구이다.

介 甲也 冑 兜鍪也

② 所養非所用소양비소용

색은 한비는 당시 군주가 녹봉으로 기르는 신하들을 미워한 것이 아니라 모두 녹봉에 안주하고 교제에 마음 쓰는 신하들은 용감하고 사나우며 충성하고 강직하여 (적을) 꺾고 찌르고 막고 업신여기는 사람들이 아니라는 말이다.

言非疾時君以祿養其臣者 乃皆安祿養交之臣 非勇悍忠鯁及折衝禦侮之人也

③ 所用非所養소용비소양

색은 또 군주가 지금 일에 임해서 쓰는 사람들은 아울러 평상시 녹봉으로 기르는 사인이 아니므로 그들이 죽을힘을 다하기가 어렵다는 말이다.

又言人主今臨事任用 竝非常所祿養之士 故難可盡其死力也

④ 悲廉直不容於邪枉之臣비렴직불용어사왕지신

색은 또 간사하고 아첨하는 신하들이 청렴하고 정직한 신하들을 용납하지 않는 것을 슬퍼했다.

又悲姦邪諂諛之臣不容廉直之士

⑤ 觀往者得失之變관왕자득실지변

정의 한비는 왕 안安이 충성하고 좋은 신하를 등용하지 않아 지금 국가가 약해지고 소멸해가는 것을 보았다. 그러므로 지난날 국가를 가진 군주들의 잘잘못의 변이變異를 관찰하고《한비자》20권을 지었다.

韓非見王安不用忠良 今國消弱 故觀往古有國之君 則得失之變異 而作韓子
二十卷

⑥ 孤憤五蠹～十餘萬言고분오두～십여만언

색은 이것은 모두 한비가 저술한 편의 명칭이다. 〈고분〉은 곧은 사람이 시대에 용납되지 못하여 외롭게 되는 것을 분개한 것이다. 〈오두〉는 정치를 좀먹는 일이 다섯 가지 있다는 것이다. 〈내외저〉는《한비자》를 살펴보니 〈내저〉와 〈외저〉가 있다. 〈내저〉는 현명한 군주가 술術을 가지고 신하를 통제함을 말하며, 통제하는 것이 자기에게 달려있으므로 '내內'라고 했다. 〈외저〉는 현명한 군주가 신하의 언행을 보고 들어서 그 상벌을 결단한다는 말이며, 상벌이 저들에게 있으므로 '외外'라고 했다. 두 가지 일을 마련해두고 쌓은 것을 이른바 명군明君이라 했다. 〈설림〉은 널리 여러 가지 일을 설명했는데 그 많은 것이 수풀과 같으므로 〈설림〉이라 했다. 지금《한비자》에는 〈설림〉 상하 두 편이 있다. 〈세난〉은 앞사람의 행적과 사업이 자기와 같지 않은 것을 묻고 비난한 것인데 그 책(사기)에 〈세난〉이 있다.

此皆非所著書篇名也 孤憤 憤孤直不容於時也 五蠹 蠹政之事有五也 內外儲
按韓子有內儲外儲篇 內儲言明君執術以制臣下 制之在已 故曰內也 外儲言明
君觀聽臣下之言行 以斷其賞罰 賞罰在彼 故曰外也 儲畜二事 所謂明君也 說
林者 廣說諸事 其多若林 故曰說林也 今韓子有說林上下二篇 說難者 說前人
行事與已不同而詰難之 故其書有說難篇

〈세난〉편과 모순된 한비의 삶

〈세난〉[1]에서 다음과 같이 말한다.

무릇 남을 설득하기 어렵다는 것은, 내 지식을 가지고 설득하기 어렵다는 것이 아니고,[2] 또 내 말솜씨로 내 뜻을 제대로 밝히기가 어렵다는 것도 아니며,[3] 또 내가 감히 거리낌 없이 능력을 다 하기 어렵다는 것이 아니다.[4] 남을 설득하기 어렵다는 것은 설득하려는 상대의 마음을 알아 내 설득을 그 마음에 맞출 수 있느냐에 달려 있다.[5]

說難[1]曰 凡說之難 非吾知之有以說之難也[2] 又非吾辯之難能明吾意之難也[3] 又非吾敢橫失能盡之難也[4] 凡說之難 在知所說之心 可以吾說當之[5]

① 說難세난

색은 說의 발음은 '세稅'이고 難의 발음은 '난[奴干反]'이다. 유세遊說의 도가 어려우므로 세난說難이라고 했다. 그 글의 말이 매우 고상하므로 특별히 게재했다. 그러나 이 편은 또한 《한비자》와 약간 다르다. 번거로운 것은 생략했으며 작고 큰 것들이 같지 않다. 유백장劉伯莊도 그의 뜻을 펼쳐 그 미묘한 문장과 깊은 뜻을 대강 해석했다. 그러므로 유씨의 설명이 있다.

說音稅 難音奴干反 言游說之道爲難 故曰說難 其書詞甚高 故特載之 然此篇亦與韓子微異 煩省小大不同 劉伯莊亦申其意 粗釋其微文幽旨 故有劉說也

② 非吾知之有以說之難也비오지지유이세지난야

정의 무릇 세난의 정리情理를 알아보건대, 군주의 마음에 맞지 않으면 아마 역린逆鱗을 범하게 될 것이다. 유세하는 어려움을 아는 것은 내 지식을 가지고 설득하기 어렵다는 것이 아니라는 말이다.

凡說難識情理 不當人主之心 恐犯逆鱗 說之難知 故言非吾知之有以說之乃爲難

③ 非吾辯之難能明吾意之難也비오변지난능명오의지난야

정의 내 뜻을 분명하게 밝혀서 그를 설득할 수 있는 것이 또한 어려운 것이 아니다. 더욱이 매우 어려운 것이 아니다.

能分明吾意以說之 亦又未爲難也 尙非甚難

신주 '非吾辯之難'은 반드시 '非吾辯之'가 되어야 한다. '難'은 덧붙여진 글자임이 분명하며, 번역도 그에 따랐다. 《사기지의》의 의견도 그렇다.

④ 非吾敢橫失能盡之難也비오감횡실능진지난야

색은 살펴보니 《한비자》에 '횡실橫失'은 '횡일橫佚'로 되어 있다. 유씨가 말했다. "내가 말하는 바를 멋대로 하지 않고 실수하지 않으며 얘기를 늘어놓고 대책을 펼쳐서 실정을 제대로 다 설명하는데, 이것이 비록 어려운 일이나 오히려 어렵지만은 않다."

按 韓子橫失作橫佚 劉氏云 吾之所言 無橫無失 陳辭發策 能盡說情 此雖是難
尙非難也

정의 橫의 발음은 '행[擴孟反]'이다. 또 내가 감히 거리낌을 가진 게 아니
라 말의 이치로 자신의 실정을 다 설명할 수 있으니, 이것이 비록 어려운
일이나 오히려 지극히 어려운 것은 아니다.

橫 擴孟反 又非吾敢有橫失 詞理能盡說己之情 此雖是難 尙非極難

⑤ 凡說之難~可以吾說當之범세지난~가이오설당지

색은 유씨가 말했다. "설득하여 마음을 여는 어려움은 바로 여기에 있
다." 살펴보니 설득당하는 마음은 군주의 마음을 이른다. 신하가 멀어져
서 높은 사람의 뜻에 거슬려서 귀한데서 천한데로 떨어지면, 지향하는
취지를 알기 어려워 스스로 높은 식견이 아니라면 가까이할 기회가 없다
는 말이다. 그러므로 '세지난說之難'이라 했다. 이에 모름지기 군주의 뜻
을 밝게 살펴 반드시 나의 설명이 그의 마음에 부합해야 한다. 그러므로
'오설당지吾說當之'라고 하였다.

劉氏云 開說之難 正在於此也 按 所說之心者 謂人君之心也 言以人臣疏末射
尊重之意 貴賤隔絶 旨趣難知 自非高識 莫近幾會 故曰說之難也 乃須審明人
主之意 必以我說合其情 故云吾說當之也

정의 앞에서 세 가지의 설득은 모두 어려운 것이 아니라 무릇 설득의
어려움은 바로 여기에 달려 있다고 했다. 앞 사람의 뜻을 깊게 판단해서
내 설명을 그에 맞출 수는 있지만 앞 사람의 마음을 모으는 것에 어둡다
면 설명을 행하더라도 곧 어렵다는 말이다.

前者三說竝未爲難 凡說之難者 正在於此 言深辨知前人意 可以吾說當之 闇與
前人心會 說則行 乃是難矣

설득하는 바를 명예를 높이려는 자에게 내놓으면서[①] 두터운 이익으로 설득하면 절조가 낮다고 보고, 낮고 천하게 대우하여 반드시 멀리 버릴 것이다.[②] 설득하는 바를 두터운 이익을 바라는 자에게 내놓는데 명예를 높이려는 것으로 설득하면, 생각이 없다고 보고 세상 물정에서 멀다고 해서 반드시 거두지 않을 것이다.[③] 설득하려는 상대가 실제로는 두터운 이익을 위하지만 겉으로는 명예를 높이려는 자에게[④] 명예를 높이려는 것으로 설득하면, 겉으로는 그 몸을 거두지만 속으로는 멀리할 것이다. 만약 그에게 두터운 이익으로 설득하면 속으로는 그 말을 쓰면서도 겉으로는 배척해 버린다.[⑤] 이것에 대해 알지 않으면 안 된다.

所說出於爲名高者也[①] 而說之以厚利 則見下節而遇卑賤 必棄遠矣[②] 所說出於厚利者也 而說之以名高 則見無心而遠事情 必不收矣[③] 所說 實爲厚利而顯爲名高者也[④] 而說之以名高 則陽收其身而實疏之 若說 之以厚利 則陰用其言而顯棄其身[⑤] 此之不可不知也

① 所說出於爲名高者也소설출어위명고자야

색은 살펴보니 설득하려는 주인은 속마음이 본래 높은 명예를 세우고자 하는 것을 이른다. 그러므로 유씨가 "복희와 황제에서 옛 것을 헤아려 요와 순에게 조술祖述한다."라고 한 것이 이것이다.

按 謂所說之主 中心本出欲立高名者也 故劉氏云稽古羲黃 祖述堯舜是也

② 爲名高者也~必棄遠矣위명고자야~필기원의

색은 군주가 높은 명예를 세우고자 하는데 신하가 곧 두터운 이익을

늘어놓아 설득하면 곧 그가 절조가 낮다고 보는 것을 이른다. 이미 고
상한 정을 맞추지 못했으므로 낮고 천하게 대우하고 반드시 멀리 쫓아
낸다.

謂人主欲立高名 說臣乃陳厚利 是其見下節也 旣不會高情 故遇卑賤必被遠
斥矣

③ 所說出於厚利者~必不收矣소설출어후리자~필불수의
[색은] 또한 설득하려는 군주가 내놓은 뜻이 본래 두터운 이익을 헤아
리고 있는데 설득하는 신하가 명예를 높이는 절개를 늘어놓아 설득하면
곧 설명하는 자에게 마음이 없고 자신의 사정과는 멀다고 여겨서 반드
시 거두어 쓰는 것을 보지 못하는 것을 이른다. 그러므로 유씨가 말했
다. "진효공은 강성한 나라에 뜻을 두고 있는데 상앙은 제왕(왕도)으로써
설득했다. 그러므로 노하고 등용하지 않은 것과 같다."

亦謂所說之君 出意本規厚利 而說臣乃陳名高之節 則是說者無心 遠於我之事
情 必不見收用也 故劉氏云若秦孝公志於彊國 而商鞅說以帝王 故怒而不用

④ 所說實爲厚利而顯爲名高者也소설실위후리이현위명고자야
[색은] 살펴보니 《한비자》에 '실實' 자는 '은隱'으로 되어 있다. 살펴보
니 현顯은 '겉으로'라는 뜻이다. 그 군주가 실제로는 두터운 이익을 위
하지만 거짓으로 명예를 높이는 절조를 위하는 것처럼 만들려는 것을
이른다.

按 韓子實字作隱 按 顯者 陽也 謂其君實爲厚利 而詳作欲爲名高之節也

[정의] 앞사람이 반드시 두터운 이익만을 바라면서 거짓으로 명예를 높
이는 것을 사모하면 겉으로는 그 설명을 수용하지만 실제로는 멀리한다는

것이다.

前人必欲厚利 詐慕名高 則陽收其說 實疏遠之

⑤ 說之以厚利～而顯棄其身설지이후리～이현기기신

색은 아래 문장에 말한 정무공鄭武公이 속으로는 호胡를 정벌하고자 하는데 관기사關其思가 깊은 계책을 극진하게 논하자 비록 설명이 마땅한 것을 알았으나 결국 사형당하고만 것이 이것이라는 말이다.

謂若下文云鄭武公陰欲伐胡 而關其思極論深計 雖知說當 終遭顯戮是也

정의 앞사람은 두터운 이익을 좋아하면서 거짓으로 높은 명예를 사모하는데 두터운 이익으로 설득하면 속으로는 설득하는 자의 말을 사용하면서도 겉으로는 그 몸을 거두어 주지 않는다. 유세하는 사인이 살피지 않을 수 없다.

前人好利厚 詐慕名高 說之以厚利 則陰用說者之言而顯不收其身 說士不可不察

신주 관기사는 정국鄭國 무공武公 대의 모사로서 정국의 대신이었다. 정국이 발전하려면 호국胡國을 공격해야 한다고 주장하다가 정무공이 호국은 사위국가인데 어떻게 공격하겠느냐고 하면서 관기사의 머리를 잘라 호국에 보냈다는 일화가 전한다.

대저 일은 비밀스럽게 이루어지는데 말이 새어나가면 실패한다. 반드시 그 자신이 누설하려는 것은 아니지만 말을 나누면서 숨겨야 할 일을 언급하는데,① 이와 같으면 자신은 위험해진다. 귀인에게 허물의 단서가 있어 설득하는 자가 좋은 의론을 분명하게 말하면 서 잘못된 것을 들춰내면 곧 자신은 위험해진다.②

(군주의) 은택에 두텁지도 못한데 아는 것을 극진하게 말하면 설득한 것이 실행되어서 공로가 있더라도 공덕은 사라질 것이고③ 설득한 것이 행해지지 않고 실패하면 의심받게 되는데 이와 같은 자는 그 몸이 위험해진다.④

夫事以密成 語以泄敗 未必其身泄之也 而語及其所匿之事① 如是者身危 貴人有過端 而說者明言善議以推其惡者 則身危② 周澤未渥也而語極知 說行而有功則德亡③ 說不行而有敗則見疑 如是者身危④

① 而語及其所匿之事이어급기소닉지사

정의 일에 서로 비슷한 것이 많아서 말하거나 혹 그 서로 비슷한 일을 설명하여 앞사람이 깨달으면 곧 누설하게 되므로 몸이 위험해진다.

事多相類 語言或說其相類之事 前人覺悟 便成漏泄 故身危也

② 貴人有過端~則身危귀인유과단~즉신위

정의 군주에게 과실의 단서가 있는데 아름답고 좋은 의론을 이끌어 군주의 나쁜 점을 들춰내면 몸이 위험해진다.

人主有過失之端緒 而引美善之議以推人主之惡 則身危

③ 周澤未渥也~而有功則德亡주택미악야~이유공즉덕망

색은 살펴보니 신하가 주상을 섬기는데 그 도가 합당하지 않고 아랫사람이 지극한 은택에 두루 적시지도 못했는데 번번이 진실하고 지극한 말을 해서 그 설득이 공로가 있어도 그의 덕은 또한 사라진다. 망亡은 무無이다. 《한비자》에는 '즉견망則見忘'으로 되어 있다. 그러나 '견망見忘'이 '덕망德亡'보다 낫다.

按 謂人臣事上 其道未合 至周之恩未霑渥於下 而輒吐誠極言 其說有功則其德亦亡 亡 無也 韓子作則見忘 然見忘勝於德亡也

정의 악渥은 담아 적시는 것이다. 신하가 군주를 섬기는 데 두루 이르는 은택이 가득하지 못한데도 이치에 합당한 사업을 설득하여 사업을 행함에 공로가 있더라도 군주가 은덕으로 여기지 않게 된다. 그러므로 "덕이 사라진다."라고 했다.

渥 霑濡也 人臣事君未滿周至之恩澤 而說事當理 事行有功 君不以爲恩德 故德亡

④ 如是者身危여시자신위

색은 또 만약 설득이 행해지지 않았고 실패하면 의심을 받게 되는데 이와 같은 자는 몸이 위험해진다. 이것은 은혜를 베풀 뜻이 깊지 않은데 번번이 당시의 정사를 평론해 믿게 만들지 못하고 번갈아 싫어하게 되는 것으로 아래 문장에서 이른바 이웃의 아버지가 담이 무너지면 도둑이 생긴다고 한 것처럼 거절당하고 의심받게 되는 그런 종류이다.

又若說不行而有敗則見疑 如是者身危 是恩意未深 輒評時政 不爲所信 更致嫌疑 若下文所云鄰父以牆壞有盜 卻爲見疑 卽其類也

정의 설득한 사업이 행해지지 못하고 혹은 행했지만 실패하면 반드시 위태로워지는데 이런 자는 몸이 위험해진다.

說事不行 或行有敗壞 則必致危殆 若此者身危也

무릇 귀인貴人이 계책을 얻어 자신의 공로로 삼고자 하는데 설득하는 자가 더불어 알게 되면 몸이 위험해진다.[1] 귀인이 일을 내놓은 것이 있음을 드러내고 자신이 생각하는 까닭이 있는데 설득하는 자가 더불어 알게 되면 몸이 위험해진다.[2] 그가 반드시 하지 않아도 될 것을 억지로 권하거나[3] 그가 그만둘 수 없는 것을 그만두게 한다면 몸이 위험해진다.[4]

夫貴人得計而欲自以爲功 說者與知焉 則身危[1] 彼顯有所出事 迺自以爲也故 說者與知焉 則身危[2] 彊之以其所必不爲[3] 止之以其所不能已者 身危[4]

① 夫貴人~ 則身危부귀인~ 즉신위

[정의] 與의 발음은 '예預'(미리)이다. 군주가 먼저 그의 계책을 얻어 자신의 공로로 삼고자 하는데 유세하는 자가 앞서 알고 그의 종적을 발설하게 되면 몸이 반드시 위험해지고 망한다.

與音預 人主先得其計已功 說者知前發其蹤跡 身必危亡

② 彼顯有~ 則身危피현유~ 즉신위

[색은] 군주가 일을 내놓은 것이 있다고 밝히고 자신의 공로로 삼고자 하는 데 설득하는 자가 더불어 알게 되면 이는 곧 간여한다고 여겨지므로 몸이 위험해진다.

謂人主明有所出事乃自以爲功 而說者與知 是則以爲間 故身危也

[정의] 군주가 일을 내놓고서 영위하는 바가 있는데 설득자가 미리 그 계획을 알게 되면 설득자의 몸이 위험해진다.

人主明所出事 乃以有所營爲 說者預知其計 而說者身亡危

③ 彊之以其所必不爲강지이기소필불위

[색은] 유씨가 말했다. "항우는 반드시 비단옷을 입고 동쪽으로 돌아가고자 했는데 설득하는 자가 강제로 관중關中을 말하여 뜻을 어기고 마음에 거스르게 되어서 스스로 죽임을 불러 없어진 것과 같다."

劉氏云 若項羽必欲衣錦東歸 而說者彊述關中 違旨忤情 自招誅滅也

[정의] 彊의 발음은 '강[其兩反]'이다. 군주가 반드시 하고 싶은 것이 없는데 설득하는 자가 억지로 시키는 것이다.

彊 其兩反 人主必不欲有爲 而說者彊令爲之

④ 止之以其所不能已者 身危지지이기소불능이자 신위

[색은] 유씨가 말했다. "한나라 경제가 결단코 율태자栗太子를 폐하려는데 주아부周亞夫가 강제로 그만두게 하려고 하여 끝내 그 말을 따르지 않았기 때문에 뒤에 마침내 하옥된 일 같은 것이 이것이다."

劉氏云 若漢景帝決廢栗太子 而周亞夫強欲止之 竟不從其言 後遂下獄是也

[정의] 군주가 이미 영위하려는데 설득자가 강제로 그만두게 하면 몸이 위험해진다.

人主已營爲 而說者彊止之者 身危

그러므로 말하기를 그와 더불어 대인을 논하면 자기에게 이간질한다고 여기고① 그와 더불어 소인을 논하면 (자기) 권력을 팔아

먹으려고 한다고 여긴다.[2] 그가 아끼는 것을 논하면 (자신에게) 밑천을 빌린다고 여기고,[3] 그가 미워하는 것을 논하면 자기를 시험한다고 여긴다.[4]

故曰 與之論大人 則以爲間已[1] 與之論細人 則以爲粥權[2] 論其所愛 則以爲借資[3] 論其所憎 則以爲嘗已[4]

① 與之論大人 則以爲間已여지논대인 즉이위간기

[정의] 間의 발음은 '견[紀覔反]'이다. 저들이 대인의 단점을 설명하면 자기의 사정을 훔쳐서 나무라고 이간시키는 것으로 여긴다.

間音紀覔反 說彼大人之短 以爲竊已之事情 乃爲刺譏間也

② 與之論細人 則以爲粥權여지논세인 즉이위육권

[색은] 살펴보니 《한비자》에는 '육권粥權'은 '매중賣重'으로 되어 있다. 저들이 미천한 사람을 추천해 크게 쓰는 것을 감당할 수 있다고 말하면 그가 거짓을 끼고 나의 권력을 팔려고 한다고 의심한다는 것을 이른다.

按 韓非子粥權作賣重 謂薦彼細微之人 言堪大用 則疑其挾詐而賣我之權也

[정의] 粥의 발음은 '육育'이다. 유백장이 말했다. "의논하는 것이 곧 거짓을 끼고 자신의 권력을 판다고 의심하는 것이다."

粥音育 劉伯莊云 論則疑其挾詐賣已之權

[신주] '粥'은 판다[賣]는 뜻이고, '重'은 곧 권력[權]이다. 《한비자韓非子》 〈화씨편和氏篇〉에 '대신이 권력을 탐하다.[大臣貪重]'이라고 되어 있고 '근신近臣은 감히 권력을 팔지 못한다.[近習不敢賣重近臣]'라고 되어 있다.

③ 所愛 則以爲借資소애 즉이위차자

[정의] 군주가 아끼는 사람의 행실을 설명하면 군주는 자신의 재산과 신분을 빌린다고 여긴다.

說人主愛行 人主以爲借已之資籍也

④ 所憎 則以爲嘗已소증 즉이위상기

[정의] 군주가 미워하는 사람들을 논설하면 군주는 자신을 시험한다고 여긴다.

論說人主所憎惡 人主則以爲嘗試於已也

그 말을 축약해서 하면 알지 못한다고 굴욕을 줄 것이고[1] 장황하게 하면 말이 많고 지루하다고 여긴다.[2] 사실에 따라 뜻을 진술하면 겁이 많고 나약해서 할 말을 다 못한다고 여기며,[3] 일을 고려해서 빠짐없이 늘어놓으면 초야의 사람이 건방지게 업신여긴다고 생각한다.[4] 이것이 설득의 어려움이기에 알아두지 않으면 안 된다.

徑省其辭 則不知而屈之[1] 汎濫博文 則多而久之[2] 順事陳意 則曰怯懦而不盡[3] 慮事廣肆 則曰草野而倨侮[4] 此說之難 不可不知也

---

① 徑省其辭 則不知而屈之경성기사 즉부지이굴지

[색은] 살펴보니 군주의 뜻이 문채의 화려함에 있는데 설득하는 자가 다만 거두절미하고 요점만을 말하면, 설득하는 자를 무식하다고 여겨서

설득하는 자가 굴욕당하는 것을 이른다.

按 謂人主意在文華 而說者但徑捷省略其辭 則以說者爲無知而見屈辱也

[정의] 省의 발음은 '셩[山景反]'이다.

省 山景反

② 汎濫博文 則多而久之범람박문 즉다이구지

[색은] 살펴보니 군주의 뜻이 간략한 요점을 듣고자 하는데 설득하는 자가 들뜬 이야기를 넘쳐나게 하는 데 힘쓰고 널리 섭렵하여 문채가 화려하면, 군주는 그가 에둘러 거짓이 많고 문장에 마땅한 것이 없다고 싫어하는 것을 이른다.

按 謂人主志在簡要 而說者務於浮辭汎濫 博涉文華 則君上嫌其多迂誕 文而無當者也

[정의] 범람은 들뜬 이야기이다. 박문博文은 말의 마디가 광범위한 것이다. 들뜬 설명으로 광범위하게 늘어놓으면 말에 반드시 이유가 많고 시간이 길고 오래 되어 군주가 피곤하고 나른하게 된다는 말이다.

汎濫 浮辭也 博文 廣言句也 言浮說廣陳 必多詞理 時乃永久 人主疲倦

③ 怯懦而不盡겁나이부진

[정의] 懦의 발음은 '난[乃亂反]'이다. 설득하는 자가 군주의 뜻에 따라 말을 늘어놓으면 혹은 겁이 많고 나약해서 사정을 다 말하지 못하는 것이라고 여긴다.

懦音乃亂反 說者陳言順人主之意 則或怯懦而不盡事情也

④ 草野而倨侮초야이거모

[정의] 초야草野는 비루와 같다. 널리 말을 늘어놓아 비루한 말이 많게 되면 거만하게 업신여기는 것이 이루어진다.

草野猶鄙陋也 廣陳言詞 多有鄙陋 乃成倨傲侮慢

무릇 설득할 때 힘쓸 것은 설득되는 자를 공경한다는 것을 꾸며 주고[1] 그가 부끄럽게 여기는 것을 없애주는 것을 아는 데 있다.[2] 그 자신이 자기의 계책을 지혜롭다고 여기면 그 실패한 사례를 들어 추궁하지 말아야 한다.[3] 그 자신이 결단한 것을 용맹스럽게 여긴다면 그 필적할만한 일을 들어서 화나게 하지 말아야 한다.[4] 그 자신이 자기의 역량이 많다고 여긴다면 그 어려운 것을 들어서 막지 말아야 한다.[5]

凡說之務 在知飾所說之所敬[1] 而滅其所醜[2] 彼自知其計 則毋以其失窮之[3] 自勇其斷 則毋以其敵怒之[4] 自多其力 則毋以其難概之[5]

---

① 知飾所說之所敬지식소설지소경

[색은] 살펴보니 소설所說은 유세하려는 군주를 말한다. 그가 공경한다는 것을 꾸며주는 것이란, 유세하는 사인이 마땅히 군주를 공경하는 것을 알게 제때 언사와 문장으로 꾸미는 것이다.

按 所說謂所說之主也 飾其所敬者 說士當知人主之所敬 而時以言辭文飾之

② 滅其所醜멸기소추

[색은] 추醜는 군주가 피해 꺼리는 바가 있음을 부끄럽게 여기는 것을

이르는데 유세하는 자는 마땅히 그 일의 단서를 없애고 말하지 않아야 한다.

醜謂人主若有所避諱而醜之 遊說者當滅其事端而不言也

③ 自知其計 則毋以其失窮之자지기계 즉무이기실궁지

정의 앞사람이 스스로 그 실수한 것을 알고 있는데 유세하는 사인이 실수한 것을 들어 추궁하는 것을 엄하게하지 말아야하는데 곧 윗사람을 꾸짖는 것으로 여긴다는 것이다.

前人自知其失誤 說士無以失誤窮極之 乃爲訕上也

④ 自勇其斷 則毋以其敵怒之자용기단 즉무이기적노지

색은 살펴보니 군주가 스스로 그 결단을 용맹한 것으로 여기는데 유세하는 사인은 자신의 뜻으로 그 사이를 공격하지 않아야 한다. 이는 비천한 아랫사람의 계책이 윗사람에 필적하려는 것이므로 견책해서 노하는 것에 이른다.

按 謂人主自勇其斷 說士無以已意而攻間之 是以卑下之謀自敵於上 以致譴怒也

정의 斷의 발음은 '단[端亂反]'이다. 유백장이 말했다. "귀인이 갑甲을 결단해서 옳게 여겼는데 설득하는 자가 을乙로써 깨뜨리면 을乙의 이치는 함께하기 어렵게 되므로 아랫사람이 윗사람에게 대적하니 노하게 되는 것이다."

斷音端亂反 劉伯莊云 貴人斷甲爲是 說者以乙破之 乙之理難同 怒以下敵上也

⑤ 自多其力 則毋以其難概之자다기력 즉무이기난개지

색은 살펴보니 개概는 격格과 같다. 유씨가 말했다. "진소왕秦昭王은 조나라를 공격하려고 결단했는데 백기白起가 그 어려움을 끝까지 설득해서 마침내 자신의 마음을 성취하고 군주를 막았다. 그러므로 두우杜郵에서 죽임을 당했다."

按 概猶格也 劉氏云 秦昭王決欲攻趙 白起苦說其難 遂已之心 拒格君上 故致杜郵之僇也

정의 槪의 발음은 '개[古代反]'이다.

槪 古代反

군주와 같이 계책을 세우는 자와 다른 일을 꾀하고 군주와 행동을 같이하는 다른 자를 칭찬하며 곧 해로울 것이 없다고 꾸며준다.[1] 군주와 같은 잘못이 있으면 곧 그것은 잘못이 아니라고 명확하게 꾸며준다.[2] 충성으로 대치되는 바가 없고[3] 문장과 말에 배격되는 바가 없어진[4] 뒤에야 그의 말과 지식을 펼치게 된다.

規異事與同計 譽異人與同行者 則以飾之無傷也[1] 有與同失者 則明飾其無失也[2] 大忠無所拂悟[3] 辭言無所擊排[4] 迺後申其辯知焉

[1] 規異事與同計~則以飾之無傷也규이사여동계~즉이식지무상야

정의 유백장이 말했다. "귀인이 갑甲과 함께 계책을 세우고 을乙과 함께 시행하는데 유세하는 사인이 말을 늘어놓아 갑과 을을 손상하는 일이 없어야 한다."

劉伯莊云 貴人與甲同計 與乙同行者 說士陳言無傷甲乙也

이 부분은《한비자》〈세난〉의 원문을 알아야 이해할 수 있다. "같은 행동을 한 다른 사람을 칭찬하고 같은 계책으로 한 다른 일을 도모한다. 같은 오점이 있으면 반드시 그것이 해가 되지 않는다고 크게 꾸며주고 같이 실패한 경우가 있다면 반드시 그것이 과실이 되지 않는다고 분명하게 꾸며준다.[譽異人與同行者 規異事與同計者 有與同汚者 則必以大飾其無傷也 有與同敗者 則必以明飾其無失也]"

② 有與同失者 則明飾其無失也유여동실자 즉명식기무실야

색은 살펴보니 위 문장에서는 군주가 일을 헤아려 남을 칭찬하고 아무개와 함께 계책을 세우고 함께 행하는 것에 대해 말했다. 지금 설득하는 자의 말은 함께 계책을 세우고 함께 행하는 사람을 손상시키지 않아야 한다는 것을 거듭 그 비슷한 문장으로 꾸민 것이다. 또 만약 군주와 함께 잘못한 자는 설득하는 자가 곧 그것이 잘못이 없음을 분명하게 꾸며야 한다는 것이다.

按 上文言人主規事譽人 與某人同計同行 今說者之詞不得傷於同計同行之人 仍可文飾其類也 又若人主與同失者 而說者則可以明飾其無失也

정의 군주와 갑甲이 함께 잘못했는데 설득하는 자는 갑이 잘못이 없다는 것을 글로써 꾸미는 것이다.

人主與甲同失 說者文飾甲之無失

③ 大忠無所拂悟대충무소불오

색은 拂의 발음은 '불佛'이다. 크게 충성스러운 사람은 군주를 선으로 바로잡는 데 뜻이 있어서 군주가 처음에 따르지 않으면 또 물러나 멈추고 군주의 말을 기다렸다가 또 기회를 봐서 간하니 즉 군주에게 거스르지 않는다.

拂音佛 言大忠之人 志在匡君於善 君初不從 則且退止 待君之說而又幾諫
卽不拂悟於君也

정의 불오拂悟는 마땅히 '불오咈忤'가 되어야 한다. 옛날의 가차자이다.
불咈은 어긋남이다. 오忤는 거스름이다.

拂悟當爲咈忤 古字假借耳 咈 違也 忤 逆也

④ 辭言無所擊排사언무소격배

색은 크게 충성하고 설득하여 간하는 말은 본래 사람을 편안하게 하고
변화를 일으키는 것들로 돌아가려 하기 때문에 따로 공격하거나 배척하
는 바가 없다는 것을 이른다. 살펴보니 《한비자》에는 '격마擊摩'로 되어
있다.

謂大忠說諫之辭 本欲歸於安人興化 而無別有所擊射排擯 按 韓子作擊摩也

> 이것이 군주와 친근하게 되어 의심을 받지 않아[1] 어려움이 다
> 했음을 알게 된다.[2] 세월이 흐른 지가 두루 오래되어[3] 두루 은
> 택이 두터워지면[4] 깊은 계책을 세워도 의심하지 않고 사귀다가
> 다투어도 죄가 되지 않는다. 이에 그 계책의 이해관계를 밝혀
> 그 공로를 (군주에게) 이루도록 하며 곧바로 옳고 그른 것들을 지
> 적하여 그의 신변을 감싸주고 이것으로서 서로 받쳐주게 되면
> 이것이 설득이 이루어진 것이다.[5]
>
> 此所以親近不疑[1] 知盡之難也[2] 得曠日彌久[3] 而周澤旣渥[4] 深計而不

疑 交爭而不罪 迺明計利害以致其功 直指是非以飾其身 以此相持 此
說之成也⑤

① 親近不疑친근불의
정의 크게 충성하는 일은 백성을 편안하게 하고 변화를 일으키는 것
을 헤아려 바로잡아 보필하는 데 있다는 말이다. 군주가 처음에 또한 배
격하지 않고 뒤에 두루 은택을 베풀어 적셔 군주와 신하의 도가 합해지
면, 이에 감히 변론하고 지혜로 설득하는 것이다. 이것이 친근함으로써
의심을 받지 않는 바이며 곧 어려움이 다했음을 깨닫는 것이다.
言大忠之事 擬安民興化 事在匡弼 君初亦不擊排 乃後周澤霑濡 君臣道合
乃敢辯智說焉 此所以親近而不見疑 是知盡之難

② 知盡之難也지진지난야
집해 서광이 말했다. "지知는 다른 판본에 '득得'으로 되어 있다. 난難은
다른 판본에 '사辭'로 되어 있다."
徐廣曰知 一作得 難 一作辭
색은 신하가 위를 섬기는 도를 다 알기가 어렵다는 것을 이른다. 살펴
보니 서광이 말했다. "지知는 다른 판본에 '득得'으로 되어 있고 난難은
다른 판본에 '사辭'로 되어 있다." 지금 《한비자》를 살펴보니 '득진지사
得盡之辭'로 되어 있다.
謂人臣盡知事上之道難也 按 徐廣曰知 一作得 難 一作辭 今按韓子作得盡之
辭也
정의 유세하는 사인이 담설談說의 어려움을 알고 이 담설의 방법을 다

할 수 있다면, 마땅히 군주의 마음을 얻어서 군주와 신하가 서로 합하게 되니, 이에 곧 어려움이 다했음을 깨닫는다.

言說士知談說之難也 爲能盡此談說之道 得當人主之心 君臣相合 乃是知盡之難也

③ 得曠日彌久득광일미구

[색은] 군주와 신하의 도가 합하여 세월이 흘러 두루 오래되면, 곧 진실이 군주에게 나타나는 것을 이른다.

謂君臣道合 曠日已久 是誠著於君也

④ 周澤旣渥주택기악

[색은] 군주가 적시는 은택이 두루 신하에게 미쳐서 물고기와 물이 서로를 기다리고 염매鹽梅가 서로 어울리는 것을 이른다.

謂君之渥澤周浹於臣 魚水相須 鹽梅相和也

[신주] 염매는 짠 소금과 신 매실이 어우러지는 것으로, 군주와 신하가 어우러짐을 말한다.

⑤ 深計而不疑～此說之成也심계이불의～차설지성야

[정의] 대저 어려움이 다했음을 깨닫게 되면 군주와 신하의 도가 합하게 된다. 그러므로 세월이 흘러 두루 오래된다. 두루 은택에 적시고 나면, 깊이 계획해도 군주는 의심하지 않고 군주와 사귀다가 다투어도 죄가 되지 않는다. 그러면 곧 국가의 이해관계를 밝게 계획하여 그의 공로를 이루고 곧바로 옳고 그른 것들을 지적하며 자신에게 작위와 녹봉이 맡겨지는데 이로써 군주와 신하가 서로 잡고 받쳐주니, 이것은 설득이 성취된

것이다.

夫知盡之難 則君臣道合 故得曠日彌久 而周澤旣渥 深計而君不疑 與君交爭而不罪 而得明計國之利害以致其功 直指是非 任爵祿於身 以此君臣相執持 此說之成也

이윤伊尹은 요리사가 되고[1] 백리해百里奚가 포로가 된 것[2]은 모두 그 군주에게 쓰이기를 바랐기 때문이다. 따라서 이 두 사람은 모두 성인聖人이었는데도 오히려 자신의 몸을 수고롭게 하지 않으면 세상에 나아갈 수 없었기에 이처럼 치욕을 당했던 것이니[3] 곧 사인들이 부끄럽게 여길 것이 아니다.[4]

伊尹爲庖[1] 百里奚爲虜[2] 皆所由干其上也 故此二子者 皆聖人也 猶不能無役身而涉世如此其汙也[3] 則非能仕之所設也[4]

---

① 伊尹爲庖이윤위포

[정의] 〈은본기〉에서 "이에 유신씨有莘氏의 잉신媵臣이 되어 솥과 도마를 지고 좋은 맛으로 탕왕을 설득해 왕도王道에 이르게 했다."라고 한 것이 이것이다.

殷本紀云乃爲有莘氏媵臣 負鼎俎 以滋味說湯致王道是也

② 百里奚爲虜백리해위로

[정의] 〈진세가〉에서 말하기를, 습격해서 우공虞公을 멸하고 대부 백리해를 진목희秦穆姬에게 딸려 보냈다고 한다.

晉世家云襲滅虞公 及大夫百里以媵秦穆姬也

③ 汙也오야

[정의] 汙의 발음은 '오[烏故反]'이다. 요리사와 포로는 곧 욕보는 것이다.

汙音烏故反 庖虜是汙

④ 非能仕之所說也비능사지소설야

[색은] 살펴보니 《한비자》에서 "사인이 부끄럽게 여길 것이 아니다."라고
되어 있다.

按 韓子作非能士之所恥也

[신주] '설說'에는 '부끄럽다'는 뜻이 담겨 있다.

송宋나라에 부자가 있었는데 하늘에서 비가 내려 담장이 허물어
졌다. 그의 아들이 말했다.

"무너진 담을 쌓지 않으면 또 도둑이 들 것입니다."

그 이웃 사람의 아버지도 같은 말을 했다. 날이 저물어 과연 그
재물을 크게 잃었다. 그의 집안에서는 그의 아들을 매우 지혜롭
다고 했으나 이웃사람의 아버지는 의심했다.①

옛날 정나라 무공武公이 호胡나라를 정벌하고 싶어서② 이에 그의
딸을 처로 삼게 하고 여러 신하에게 물었다.

"내가 군사를 사용하고자 하는데 누구를 정벌하면 좋겠는가?"

관기사關其思가 말했다.

"호胡나라를 정벌할 만합니다."

이에 무공은 관기사를 죽이면서 말했다.

"호나라는 형제의 나라이다. 그대가 정벌을 말하는 것은 무엇 때문 인가?"

호나라 군주가 듣고 정나라를 자신의 친척이라고 여기고 정나라 에 대한 방비를 하지 않았다. 정나라 사람들이 호나라를 습격해 서 빼앗았다. 이 두 설득자의 지혜는 모두 당연한[3] 것이었다. 그러나 심한 자는 죽임을 당하고 얄팍한 자는 의심을 받았다. 아는 것이 어려운 것이 아니라 아는 것을 처리할 곳이 어려운 것이다.[4]

宋有富人 天雨牆壞 其子曰 不築且有盜 其鄰人之父亦云 暮而果大亡 其財 其家甚知其子而疑鄰人之父[1] 昔者鄭武公欲伐胡[2] 迺以其子妻 之 因問群臣曰 吾欲用兵 誰可伐者 關其思曰 胡可伐 迺戮關其思 曰 胡 兄弟之國也 子言伐之 何也 胡君聞之 以鄭爲親已而不備鄭 鄭人襲胡 取之 此二說者 其知皆當矣[3] 然而甚者爲戮 薄者見疑 非知之難也 處 知則難矣[4]

① 疑鄰人之父의인인지부

[정의] 그의 아들과 이웃집 아버지의 설명이 모두 당연했지만 간절했는 데도 의심을 받았으니, 지식을 둘 곳이 즉 어려운 것이 아니겠는가!

其子鄰父說皆當矣 而切見疑 非處知則難乎

② 鄭武公欲伐胡정무공욕벌호

정의 《세본》에서 말한다. "호나라는 귀성歸姓이다."《괄지지》에서 말한다. "호성은 예주豫州 언성현 영역에 있다."

世本云 胡 歸姓也 括地志云 胡城在豫州鄢城縣界

③ 當矣당의

정의 當의 발음은 '당[當浪反]'이다.

當 當浪反

④ 非知之難也 處知則難矣비지지난야 처지즉난의

신주 "죽음이 어려운 것이 아니라, 죽을 곳에 처함이 어려운 것이다." 라는 말과 일맥상통한다. 세상 모든 일은 일 자체가 어려운 것이 아니라 그 일을 할 곳을 찾는 것이 어렵다는 뜻이다. 마찬가지로 사람을 쓰는 것이 어려운 것이 아니라, 사람을 어디에 쓸 것인지 아는 것이 어렵다는 말이다.

옛날 미자하彌子瑕는 위衛나라 군주에게 총애를 받았다. 위나라 법률에는 군주의 수레를 몰래 타는 자는 월형刖刑(발뒤꿈치를 자르는 형벌)에 처해졌다. 그러는 동안에 미자하의 어머니가 병이 났는데 어떤 사람이 듣고 밤에 가서 미자하에게 알렸다. 미자하는 임금의 명령이라 속이고 임금의 수레를 타고 나갔다. 군주가 듣고 현명하다고 말했다.

"효성스럽다. 어머니를 위하느라 월형의 죄를 범했구나!"

군주와 과수원에서 노닐다가 미자하가 복숭아를 먹었는데 달았으므로 다 먹지 않고 군주에게 바쳤다. 군주가 말했다.

"나를 아끼는구나. 그 입맛을 잊고 나를 생각하다니!"

미자하의 용모가 시들어 아낌이 느슨해졌을 때, 군주에게 죄를 얻었다. 군주가 말했다.

"이자는 일찍이 명령을 속이고 나의 수레를 탔으며, 또 일찍이 그가 먹다 남은 복숭아를 나에게 먹게 했다."

그러므로 미자하의 행동은 처음에서 변하지 않았는데 이전에는 현명하다고 했고 나중에는 죄를 얻었으니, 애증愛憎이 변하기에 이르렀기 까닭이다.

그러므로 군주에게 총애를 받으면 지혜에 해당하여 친근함이 더해지지만, 군주에게 미움을 받으면 죄에 해당하여 멀어짐이 더해진다. 그러므로 간하여 설득하는 사인은 군주에게 애증의 유무를 살핀 다음에 설득하지 않으면 안된다.

무릇 용龍이라는 동물은① 잘 길들이면 타고 다닐 수 있다. 그러나 그 턱 밑에 한 자 되는 역린逆鱗이 있는데, 사람이 그것을 건드리면 용은 반드시 사람을 죽인다. 군주도 역린이 있는데, 설득하는 자가 군주의 역린을 건드리는 일이 없다면 곧 설득은 거의 바랄 만하다.②

昔者彌子瑕見愛於衞君 衞國之法 竊駕君車者罪至刖 旣而彌子之母病 人聞 往夜告之 彌子矯駕君車而出 君聞之而賢之曰 孝哉 爲母之故而 犯刖罪 與君游果園 彌子食桃而甘 不盡而奉君 君曰 愛我哉 忘其口而 念我 及彌子色衰而愛弛 得罪於君 君曰 是嘗矯駕吾車 又嘗食我以其

餘桃 故彌子之行未變於初也 前見賢而後獲罪者 愛憎之至變也 故有愛於主 則知當而加親 見憎於主 則罪當而加疏 故諫說之士不可不察愛憎之主而後說之矣 夫龍之爲蟲也[1] 可擾狎而騎也 然其喉下有逆鱗徑尺 人有嬰之 則必殺人 人主亦有逆鱗 說之者能無嬰人主之逆鱗 則幾矣[2]

① 龍之爲蟲也용지위충야

정의 용은 동물 종류이다. 그러므로 "용이라는 동물"이라고 했다.

龍 蟲類也 故言龍之爲蟲

신주 충蟲은 지금은 벌레라는 뜻으로 쓰이지만 고대에는 동물의 총칭이었다. 《이아爾雅》〈석충釋蟲〉에 "다리가 있으면 충蟲이고, 다리가 없으면 치豸이다.[有足謂之蟲 無足謂之豸]"라고 말했다.

② 人主之逆鱗 則幾矣인주지역린 즉기의

색은 살펴보니 기幾는 서庶이다. 간하여 설득을 잘하기를 바라는 것을 이른다.

按 幾 庶也 謂庶幾於善諫說也

정의 설득하는 자가 군주의 역린을 범하지 않기를 바라는 것이다.

說者能不犯人主逆鱗 則庶幾矣

어떤 이가 그의 글을 전하여 진秦나라에 이르렀다. 진왕은 〈고분〉
과 〈오두〉의 글을 보고 말했다.

"아! 과인이 이 사람과 만나서 더불어 교유하게 된다면 죽어도 한
스럽지 않겠구나!"

이사가 말했다.

"이것은 한비가 저술한 책입니다."

진나라는 이로 인하여 급하게 한韓나라를 공격했다. 한왕은 처음
에 한비를 등용하지 않았는데 위급해지자 한비를 진나라에 사신
으로 보냈다. 진왕은 기뻐했지만 아직 믿고 등용하지는 않았다.
이사와 요고姚賈가 해치고자 헐뜯었다.

"한비는 한나라 공자입니다. 지금 왕께서 제후들을 병탄하고자
하시는데 한비는 끝까지 한나라를 위하고 진나라를 위하지 않을
것이며 이것이 사람의 정情입니다. 지금 왕께서 등용하지 않으시
고 오래도록 머물다 돌아가게 하면 이것은 스스로 걱정거리를 남
기는 것입니다. 허물을 씌워 법으로 처단하는 것만 같지 못할 것
입니다."

진왕은 그러할 것이라고 여기고 관리에게 명령을 내려 한비의 죄
를 다스리게 했다. 이사는 사람을 시켜 한비에게 독약을 보내서
자살하게 했다. 한비가 스스로 아뢰고자 했으나 (진왕을) 만나지
못했다. 진왕은 후회하고 사람을 시켜 사면했지만 한비는 이미 죽
었다.[①] 신자와 한비자는 모두 책을 지어 후세에 전했으므로 배우
는 자들이 많이 있었다. 나는 다만 한비자가 〈세난〉을 짓고 스스
로 벗어나지 못한 것을 슬퍼할 뿐이다.

人或傳其書至秦 秦王見孤憤五蠹之書 曰 嗟乎 寡人得見此人與之游
死不恨矣 李斯曰 此韓非之所著書也 秦因急攻韓 韓王始不用非 及
急 迺遣非使秦 秦王悅之 未信用 李斯姚賈害之 毀之曰 韓非 韓之諸
公子也 今王欲并諸侯 非終爲韓不爲秦 此人之情也 今王不用 久留
而歸之 此自遺患也 不如以過法誅之 秦王以爲然 下吏治非 李斯使
人遺非藥 使自殺 韓非欲自陳 不得見 秦王後悔之 使人赦之 非已死
矣[1] 申子韓子皆著書 傳於後世 學者多有 余獨悲韓子爲說難而不能
自脫耳

① 非已死矣비이사의

집해 《전국책》에서 말한다. "진왕은 요고姚賈를 1,000호에 봉해서 상경
上卿으로 삼았다. 한비가 결점을 지적하여 말하기를 '요고는 양梁나라
감문監門의 아들인데 양나라에서 도둑질을 하고 조나라에서 신하가 되
었다가 쫓겨났습니다. 대대로 감문의 아들이고 양나라 큰 도적이며 조나
라에 쫓겨난 신하와 사직의 계책을 함께 도모하는 것은 모든 신하를 격
려하는 바가 아닙니다.'라고 했다. 왕이 요고를 불러서 묻고 요고가 이러
이러하다고 대답하자 이에 한비를 죽이라고 했다."

戰國策曰 秦王封姚賈千戶 以爲上卿 韓非短之曰 賈 梁監門子 盜於梁 臣於趙
而逐 取世監門子梁大盜趙逐臣與同社稷之計 非所以勵群臣也 王召賈問之 賈
答云云 迺誅韓非也

태사공은 말한다.

노자가 귀하게 여긴 도道는 허무虛無이다. 따라서 무위無爲로써 변화에 응한다. 그래서 저서의 말은 일컬음이 미묘하여 알기 어렵다. 장자는 도와 덕을 흩어서 멋대로 논했지만, 그 요점은 또한 스스로 그러한 것[自然]①으로 돌아가라는 것이다. 신자申子는 부지런히 힘써② 명성과 실질을 베풀었다. 한비자는 법도를 이끌어 일의 정황을 재단하고 옳고 그른 것을 밝혔으나 그 극단은 참혹하고③ 은혜가 적었다. 모두 도덕의 뜻에 근본을 두었으나, 노자는 깊고 원대했다.

太史公曰 老子所貴道 虛無 因應變化於無爲 故著書辭稱微妙難識 莊子散道德 放論 要亦歸之自然① 申子卑卑② 施之於名實 韓子引繩墨 切事情 明是非 其極慘礉③少恩 皆原於道德之意 而老子深遠矣

① 自然자연

신주 오늘날의 자연, 즉 Nature란 뜻이 아니다. 동양에서 자연이란 단어는 천지天地이다. 여기 자연은 천지만물이 스스로 그렇게 꾸며 가는 것을 말한다.

② 卑卑비비

집해 비비卑卑는 스스로 힘쓴다는 뜻이다.

自勉勵之意也

색은 유씨가 말했다. "비비는 스스로 힘쓴다는 뜻이다."

劉氏云 卑卑 自勉勵之意也

③ **慘礉**참핵

[집해] 礉의 발음은 '혁[胡革反]'이다. 법을 집행하는데 참혹하고 급박하며 죄인을 취조하는 것이 심각한 것이다.

礉 胡革反 用法慘急而鞫礉深刻

[색은] 慘의 발음은 '참[七感反]'이고 礉의 발음은 '혁[胡革反]'이다. 살펴보니 법을 사용하는 것이 참혹하고 급박하며 죄인을 취조하는 것이 심각한 것을 이른다.

慘 七感反 礉 胡革反 按 謂用法慘急而鞫礉深刻也

[색은술찬] 사마정이 펼쳐서 밝히다.

백양은 가르침을 세워 맑고 깨끗한 것을 무위無爲로 했다. 도는 동쪽 노나라에서 존숭되었으나 발자취는 서쪽에 드리워 숨었다. 장자는 황홀한 꿈을 꾸고, 신불해는 스스로 힘썼다. (한비는) 형명의 법술을 가졌고 설득의 어려움을 지극히 알았다. 슬프다, 저 사람은 두루 막으려 했으나 끝내 이사에게 죽었구나!

伯陽立教 淸淨無爲 道尊東魯 迹竄西垂 莊蒙栩栩 申害卑卑 刑名有術 說難極知 悲彼周防 終亡李斯

사기 제64권 史記卷六十四

사마양저열전 司馬穰苴列傳

사기 제64권 사마양저열전 제4
史記卷六十四 司馬穰苴列傳第四

신주 사마양저는 성이 규嬀, 씨는 전田, 이름은 양저穰苴이다. 춘추 시대 말기 사람으로 진여공陳厲公의 아들인 진완陳完의 후예로서 서자이다. 진완은 제환공 때 진나라에서 내란이 일자 제나라로 망명해 전씨田氏로 성을 바꿨다. 양저는 제나라 재상인 안영의 추천으로 등용되었는데, 경공景公 때 대사마가 되었고, 이때부터 사마씨司馬氏로 칭해서 사마양저라고 불렸다.

경공 때 진晉나라가 제나라 아성阿城과 견성甄城을 공격했고, 연나라가 제나라의 황하 남쪽 일대를 침략해서 영토를 빼앗긴 상태였는데, 경공은 빼앗긴 땅을 되찾고 싶었다. 이때 안영이 사마양저를 경공에게 추천했다. 경공은 사마양저를 장군으로 임명하려고 했는데, 자신은 신분이 낮아 장군이 되어도 병졸들이 경시할 거라면서 총애하는 신하를 감군監軍(군대의 업무를 감찰함)으로 임명해 달라고 요청했다. 이에 경공은 장가莊賈를 임명한다.

사마양저와 장가는 출병하기 전날에 내일 정오에 군문軍門에서 만나기로 하고 헤어졌는데, 장가는 해질녘에야 나타났다. 장가의 친척들이 송별회를 열어주어 늦었다는 것이다. 이에 사마양저는 "장군이 명령을 받는 날에는 가정을 잊고, 군대가 규율을 선포하면 부모를 잊고, 북채를 들고 북을 치며 싸우는 순간에는 자신의 생명을 잊어야 한다."면서 군법으로 장가를 처형하려고 하였다. 장가는 경공에게 살려달라는 사자를 보냈으나 사마양저는 사자가 돌아오기 전에 장가를 처형했다. 이때 "장군이 군중에 있을 때는 비록 주공의 명령이라도 받지 않는 것이다."라는 말을 남겼다.

사마양저는 늘 병사와 함께 행동했고, 식사도 같이했으며 부상병을 돌보았다. 그 결과 병사들을 앞 다투어 출전하고자 했다. 이 소식을 들은 진나라 군대는 놀라 물러갔고, 연나라 군대도 황하 북쪽 기슭으로 후퇴했다. 제나라 군대는 여세를 몰아 빼앗긴 땅을 모두 탈환했다. 제경공은 장가를 죽인 일로 탓하지 않고 사마양저를 대사마로 삼았다.

전씨 가문이 제나라에서 나날이 번성하자 대부인 포씨鮑氏, 국씨國氏, 고씨高氏가 불만을 품고 사마양저를 모함하자 제경공은 사마양저를 해임했다. 이후 사마양저는 병들어 사망 하였다. 이 일로 전기田乞와 전표田豹는 포씨, 국씨, 고씨를 원망하였는데, 전상田常이 간공簡公을 죽일 때 그들 일족도 모두 죽였다. 전상의 손자 전화田和가 제나라 위왕이 되자 사마양저의 병법을 연구해《사마양저병법》을 편찬했다.

제나라를 구한 병법가

사마양저는 전완田完의 후예이다.[1] 제나라 경공景公 때 진晉나라
는 아阿와 견甄[2]을 정벌하고 연나라는 하수 주변[3]을 침범했는데
제나라 군대가 패배했다. 제나라 경공이 근심했다. 안영이 이에
전양저를 추천해서 말했다.

"양저는 비록 전씨의 서자 출신이지만 그 사람은 문장에 능하고
무리들을 따르게 하며 무용이 능하여 적을 위협할 수 있으니, 원
컨대 군주께서 시험해 보십시오."

경공은 양저를 불러 함께 군사에 관해 이야기하고는 크게 기뻐하
고 장군으로 삼아[4] 군사를 거느려 연나라와 진晉나라 군사를 막
도록 했다.

司馬穰苴者 田完之苗裔也[1] 齊景公時 晉伐阿甄[2] 而燕侵河上[3] 齊師
敗績 景公患之 晏嬰乃薦田穰苴曰 穰苴雖田氏庶孼 然其人文能附衆
武能威敵 願君試之 景公召穰苴 與語兵事 大說之 以爲將軍[4] 將兵扞
燕晉之師

① 司馬穰苴者 田完之苗裔也사마양저자 전완지묘예야

살펴보니 양저는 이름이고 전씨 일족이며 대사마가 되었다. 그러므로 사마양저라고 이른다.

按 穰苴 名 田氏之族 爲大司馬 故曰司馬穰苴

穰의 발음은 '양[若羊反]'이고 苴의 발음은 '저[子徐反]'이다. 전양저는 사마司馬 벼슬을 하고 군사를 주관했다.

穰音若羊反 苴音子徐反 田穰苴爲司馬官 主兵

② 阿甄아견

살펴보니 아阿와 견甄은 모두 제나라 읍이다.《진태강지기》에서 말한다. "아阿는 곧 동아東阿이다." 〈지리지〉에서 견성현은 제음군에 속한다고 했다.

按 阿甄皆齊邑 晉太康地記曰阿卽東阿也 地理志云甄城縣屬濟陰也

③ 河上하상

하상은 황하의 남쪽 기슭 땅이고 곧 창주滄州와 덕주德州 두 주의 북쪽 영역이다.

河上 黃河南岸地 卽滄德二州北界

진晉나라가 제나라 견과 아를 침범하고 연나라가 동시에 하수 주변을 침범했다는 말은 세 나라의 세가나 다른 서적에도 보이지 않아 검증이 필요하다.

④ 以爲將軍이위장군

명하여 장수로 삼아 군사를 거느리게 한 것을 이른다. 將의 발음은 '장[卽匠反]'이다. 마침내 장군을 관직의 이름으로 삼았다. 그러므로

《시자》에서 말한다. "10만의 군사에 장군이 없게 되면 어지러워진다."
육국 시대에 그 관직이 있었다.

謂命之爲將 以將軍也 將音卽匠反 遂以將軍爲官名 故尸子曰十萬之師 無將軍
則亂 六國時有其官

양저가 말했다.

"신이 본래 신분이 낮은데 군주께서 여오閭伍[①] 가운데서 발탁하
시어 대부의 위에 위로 베풀어주어 사졸들이 따르지 않고 백성들
도 신임하지 않을 것입니다. 사람은 미천하면 권세가 가볍습니다.
원컨대 군주께서 총애하는 신하나 국가에서 존경받는 사람을 얻
어서 군사를 감독하게 하는 것을 허락해 주십시오."

이에 경공이 허락하여 장가莊賈를 시켜서 따라가게 했다. 양저는
하직인사를 하고 나서 장가와 더불어 약속했다.

"내일 정오[②]에 군문軍門에서 만납시다."

양저는 먼저 달려서 군에 이르러 해시계[표지表識]를 세우고 물시계
를 두고[③] 장가를 기다렸다. 장가는 평소 교만하고 높은 자리에 있
어서 장군이 이미 군진에 갔고 자신은 감독이 되었으니[④] 매우 급하
지 않다고 여겼다. 친척과 주변 사람들이 송별을 하는데, 머물러 술
을 마셨다. 한낮이 되었는데도 장가는 이르지 않았다. 양저는 해시
계를 넘어뜨리고 물시계를 치운[⑤] 다음 군문으로 들어가 군대를 순
시하고 병사들을 훈련시키며 약속을 거듭하여 밝혔다. 약속이 이
미 정해졌는데도 저녁때가 되어서야 장가가 이에 이르렀다.

> 穰苴曰 臣素卑賤 君擢之閭伍①之中 加之大夫之上 士卒未附 百姓不
> 信 人微權輕 願得君之寵臣 國之所尊 以監軍 乃可 於是景公許之 使莊
> 賈往 穰苴旣辭 與莊賈約曰 旦日日中②會於軍門 穰苴先馳至軍 立表下
> 漏③待賈 賈素驕貴 以爲將已之軍而已爲監④ 不甚急 親戚左右送之 留
> 飮 日中而賈不至 穰苴則仆表決漏⑤ 入 行軍勒兵 申明約束 約束旣定
> 夕時 莊賈乃至

① 閭伍여오

신주 5가구를 다섯씩 묶어서 조직한 향리의 조직이다. 군사제도를 위
한 것이다.

② 旦日日中단일일중

색은 살펴보니 단일旦日은 다음 날을 이른다. 한낮 시간에 군문에서 모
이기로 한 것이다.

按 旦日謂明日 日中時期會於軍門也

③ 立表下漏입표하루

색은 살펴보니 입표立表는 나무를 세워 표지를 만들어 태양의 그림자
를 살피는 것을 이른다. 하루下漏는 아래로 물이 새어 떨어져서 시각을
아는 것을 이른다.

按 立表謂立木爲表以視日景 下漏謂下漏水以知刻數也

④ 以爲將已之軍而已爲監이위장기지군이기위감

己의 발음은 '기紀'이고 監의 발음은 '감[甲暫反]'이다.

己音紀 監 甲暫反

⑤ 仆表決漏부표결루

仆의 발음은 '부赴'이다. 살펴보니 부仆는 그 표지를 쓰러뜨린 것이다. 결루決漏는 병 속의 물을 부어서 제거한 것을 이른다. 장가가 때를 놓쳤고 한낮의 시간이 지났기 때문이었다.

仆音赴 按 仆者 臥其表也 決漏謂決去壺中漏水 以賈失期 過日中故也

양저가 말했다.

"어찌하여 기약에 늦었소?"

장가가 말했다.

"재주 없는 대부에게 친척들이 송별을 해주었으므로 머물렀습니다."

양저가 말했다.

"장수가 명령을 받은 날에는 그 집안을 잊고 군진과의 약속에 임해서는 그 부모를 잊으며 북채를 들어① 북을 치는 급한 상황에서는 그의 몸을 잊는 것이다. 지금 적국이 깊이 침입하여 나라 안이 소란스럽고 사졸들은 국경에서 노숙하며, 군주께서는 잠자는 침석이 불안하여 먹는 음식이 달지 않고 백성들의 운명이 모두 군주에게 달려 있는데 어찌하여 서로 송별한다고 이르는가."

군정軍正(군법 담당관)을 불러서 물었다.

"군법에서 기약한 시각 후에 이른 자를 어떻게 하는가?"

대답해서 말했다.

"참수에 해당합니다."

장가는 두려워하며 사람을 시켜 경공에게 달려가서 보고하게 해 구원을 청했다. 간 자가 아직 돌아오지 못했는데 이에 마침내 장가를 참수하여 삼군三軍에 조리돌렸다. 삼군의 군사들이 모두 놀라서 떨었다.

穰苴曰 何後期爲 賈謝曰 不佞大夫親戚送之 故留 穰苴曰 將受命之日 則忘其家 臨軍約束則忘其親 援枹^①鼓之急則忘其身 今敵國深侵 邦內 騷動 士卒暴露於境 君寢不安席 食不甘味 百姓之命皆懸於君 何謂相 送乎 召軍正問曰 軍法期而後至者云何 對曰 當斬 莊賈懼 使人馳報景 公 請救 旣往 未及反 於是遂斬莊賈以徇三軍 三軍之士皆振慄

① 援枹원부

색은 앞에 援의 발음은 '원袁'이고, 뒤에 枹의 발음은 '부孚'이다.

上音袁 下音孚

정의 원援은 '조操'로 되어 있다. 枹의 발음은 '부孚'이고 북채를 이른다.

援 作操 枹音孚 謂鼓挺也

한참을 지나서 경공이 보낸 사신이 부절을 가지고 장가를 사면하러 군중 안으로 달려 들어왔다. 양저가 말했다.

"장군이 군중에 있으면 군주의 명령을 받지 않는 경우도 있다.^①"

군정에게 물었다.

"삼군 안에서 말을 타고 달리면 법은 어떠한가?"

군정이 대답했다.

"참수에 해당합니다."

사자는 크게 두려워했다. 양저가 말했다.

"군주의 사신은 죽일 수 없는 것이다."

이에 그의 마부를 참하고 수레의 왼쪽 덧방나무와 말의 왼쪽 참마

驂馬를 베어서^② 삼군에 조리돌렸다.^③ 사신을 보내서 돌아가 보고

하게 한 연후에 행군했다.

久之 景公遣使者持節赦賈 馳入軍中 穰苴曰 將在軍 君令有所不受^①

問軍正曰 馳三軍法何 正曰 當斬 使者大懼 穰苴曰 君之使不可殺之 乃

斬其僕 車之左駙 馬之左驂^② 以徇^③三軍 遣使者還報 然後行

① 君令有所不受군령유소불수

[집해] 위무제(조조)가 말했다. "진실로 일에 편리하게 하는 것이고 군주

의 명에 구속되지 않는 것이다."

魏武帝曰 苟便於事 不拘君命

② 斬其僕～馬之左驂참기복～마지좌참

[색은] 살펴보니 그 사자의 마부와 수레의 왼쪽 덧방나무를 벤 것을 이

른다. 부駙는 '부駙'가 되어야 마땅하고 아울러 '부附'로 발음하며, 수레

의 밖을 둘러 나무를 세워 차체에 덧댄 재목이다. 또 그 말의 왼쪽 곁말

을 벤 것은 수레를 모는 자가 왼쪽에 있기 때문이었다.

按 謂斬其使者之僕 及車之左輈 輈 當作軵 竝音附 謂車循外立木 承重較之材
又斬其馬之左驂 以御者在左故也

정의 軵의 발음은 '부附'이다. 유백장이 말했다. "부輈는 수레 틀 밖에 나무를 세워 차체에 덧댄 것이다."

軵音附 劉伯莊云 輈者 箱外之立木 承重校者

③ 徇순

정의 순徇은 돌려서 보이는 것이다.

徇 行示也

사졸들의 주둔지 숙소와 우물과 부엌과 음식과 문병과 의약을, 자신이 직접 어루만지고 챙겼다. 장군의 식량을 모두 취해서 사졸들을 먹이고 자신은 사졸들과 식량을 공평하게 분배했다. 그 여위고 약한 자를 가장 가까이했다.[①] 3일 후에 군사들을 훈련했다. 병이 든 자들이 모두 행군하기를 요구했으며 다투어 떨쳐나가서 싸우러 달려갔다.

진晉나라 군사들이 소문을 듣고 군사를 물리고 떠나갔다. 연나라 군사들이 소문을 듣고 하수를 건너서 해산했다.[②] 이에 추격하여 마침내 국경 안의 잃었던 옛 땅을 빼앗고 군사를 이끌고 돌아왔다. 국도國都에 이르기 전에 군대를 해산시켜 약속을 풀고 맹세한 뒤에 읍으로 들어왔다. 경공은 여러 대부와 교외에서 맞이하여 군사들을 위로하고 예를 마친 연후에 침소로 돌아갔다. 얼마후

양저를 접견하고 높여 대사마大司馬로 삼았다. 전씨들은 나날이
제나라에서 더욱 높아졌다.

士卒次舍井竈飮食問疾醫藥 身自拊循之 悉取將軍之資糧享士卒 身與
士卒平分糧食 最比①其羸弱者 三日而後勒兵 病者皆求行 爭奮出爲之
赴戰 晉師聞之 爲罷去 燕師聞之 度水而解② 於是追擊之 遂取所亡封
內故境而引兵歸 未至國 釋兵旅 解約束 誓盟而後入邑 景公與諸大夫
郊迎 勞師成禮 然後反歸寢 旣見穰苴 尊爲大司馬 田氏日以益尊於齊

① 比비

정의 比의 발음은 '피[必耳反]'이다.

比音(卑)必耳反

② 度水而解도수이해

정의 황하의 물을 건너 북쪽으로 가서 해산한 것이다.

度黃河水北去而解

이윽고 대부 포씨鮑氏와 고씨高氏와 국씨國氏의 무리들이 양저를
해치고자 경공에게 참소했다. 경공은 양저를 물리쳤고 양저는 병
이 나서 죽었다. 전기田乞와 전표田豹의 무리들①은 이로 말미암
아 고씨와 국씨 등을 원망했다. 그 뒤 전상田常에 이르러 간공簡公
을 살해하고 고소자와 국혜자의 일족을 모두 멸했다.

전상의 증손인 전화田和에 이르렀고, 전화의 손자 전인제田因齊는 스스로 즉위하여 제위왕齊威王이 되었다.[2] 제위왕이 군사를 쓰고 위엄을 행하는 데 양저의 병법을 크게 본받자,[3] 제후들이 제나라에 조회했다. 제위왕은 대부를 시켜 옛날의 《사마병법》을 미루어 논하게 하고 양저를 그 안에 붙여서 이로 인해 《사마양저병법》이라고 이름 지었다.

已而大夫鮑氏高國之屬害之 譖於景公 景公退穰苴 苴發疾而死 田乞田豹之徒[1]由此怨高國等 其後及田常殺簡公 盡滅高子國子之族 至常曾孫和 因自立爲齊威王[2] 用兵行威 大放[3]穰苴之法 而諸侯朝齊 齊威王使大夫追論古者司馬兵法而附穰苴於其中 因號曰司馬穰苴兵法

[1] 田乞田豹之徒전기전표지도

색은 전기田乞는 전희자이다. 전표田豹도 전희자의 일족이다.

田乞 田僖子也 豹亦僖子之族

[2] 至常曾孫和 因自立爲齊威王지상증손화 인자립위제위왕

색은 살펴보니 이 문장은 잘못된 것이다. 마땅히 전화田和가 스스로 즉위하였고 그의 손자에 이르러 호칭이 제위왕齊威王이 되었다고 한 것이다. 그러므로 〈전완세가〉에서 전화가 스스로 즉위하여 태공太公이라고 부르고 그의 손자 인제因齊가 호칭을 위왕威王이라 했다고 일렀다.

按 此文誤也 當云田和自立 至其孫 因號爲齊威王 故系家云田和自立 號太公 其孫因齊 號爲威王

③ 放방

정의 放의 발음은 '[方往反]'이다.

放 方往反

태사공은 말한다.

나는 《사마병법》을 읽었는데, 넓고 크며 깊고 아득하다. 비록 삼대三代의 정벌을 따랐으나 그 뜻을 전부 그 문장처럼 하지는 않았으며 또한 기린 것은 적었다.[1] 무릇 양저는 변변치 못한 작은 나라에서 군사를 시행했는데 어느 겨를에 《사마병법》의 읍하고 겸손함에 이르렀겠는가? 세상에 이미 사마병법이 많이 퍼져있어 이 때문에 논하지 않고 〈사마양저열전〉을 지어둔다.

太史公曰 余讀司馬兵法 閎廓深遠 雖三代征伐 未能竟其義 如其文也亦少褒矣[1] 若夫穰苴 區區爲小國行師 何暇及司馬兵法之揖讓乎 世旣多司馬兵法 以故不論 著穰苴之列傳焉

---

① 雖三代征伐~少褒矣수삼대정벌~소포의

색은 살펴보니 《사마병법》에는 군사를 행하는 것을 설명하여 삼대의 법에 읍양揖讓이 있는데, 제나라는 변변찮은 작은 나라이고 또 전국시대에 해당한다. 그러므로 "또한 기린 것이 적었다."라고 했다.

按 謂司馬法說行兵 揖讓有三代之法 而齊區區小國 又當戰國之時 故云亦少褒矣

신주 여기 문장은 다음 문장과 함께, 〈번역등관열전〉에 속한 〈역상열전〉 말미의 《한서》를 인용한 주석 문장 '若~, 雖~.'의 형태를 뒤집은 것이다. '若~, 雖~.'의 해석은 '이처럼 ~하여, 그렇다 해도 ~.'라는 뜻이다. 여기서는 거꾸로 하면 된다.

색은술찬 │ 사마정이 펼쳐서 밝히다.

연나라는 하수 언저리를 침략했고 제나라 군사는 패전했다. 안영은 양저를 추천했는데 무장의 능력은 적을 위압했다. 장가를 참수하여 조리돌리자 삼군은 놀라 떨었다. 우리 군사는 이미 강해졌으며 저쪽 침략자는 방벽으로 물러났다. 병법이 행해져 《사마병법》이 된 것은 실로 종족들에 힘입었구나!

燕侵河上 齊師敗績 嬰薦穰苴 武能威敵 斬賈以徇 三軍驚惕 我卒旣彊 彼寇退壁 法行司馬 實賴宗戚

사기 제65권 손자오기열전 제5

史記卷六十五 孫子吳起列傳第五

신주 손자와 오기는 병법가이다. 〈손자오기열전〉은 손자孫子, 즉 손무 孫武 및 손빈孫臏과 손빈의 경쟁자 방연龐涓, 위문후魏文侯 전성시대의 한 축을 담당한 오기吳起를 다루고 있다. 손무는 오왕 합려와 그 아들 부차 를 섬겨서 공을 많이 세웠다고 하지만 그 행적은 의문에 쌓여 있다. 또 그가 《손자병법》을 지어 전했다고 하지만, 후대의 연구는 손빈을 비롯한 후대의 저작이 쌓이고 다듬어져 전국시대에 완성되었다고 보는 견해가 많다.

반면 손빈의 행적은 확실하고 최근에는 그에 관한 죽백문竹帛文도 출토 되었다. 손빈은 방연과 같이 병법을 배웠는데 방연은 먼저 출세하여 위 혜왕魏惠王을 섬겨 장군이 되었다. 방연은 손빈에 대한 질투심에 손빈을 위나라로 불러 다리를 잘랐다. 손빈이 빈臏(정강이 뼈를 베는 형벌)이란 이름 을 얻게 된 연유다. 그러나 손빈은 좌절하지 않고 위나라에 들른 제나 라 사신에게 부탁해 제나라로 탈출하는데 성공했고 제나라 실력자인 전기田忌의 객이 되어 실력을 인정받았으며, 전기의 추천으로 제나라 군사軍師가 되기에 이른다.

얼마 뒤 전국시대 초기를 주름잡던 강국 위나라는 방연을 필두로 조趙

나라 수도 한단을 공격했고 조나라는 제나라에 구원을 요청했다. 손빈은 조나라를 직접 구원하는 대신 위나라로 진군할 것을 건의했다. 제나라는 위나라로 곧장 진군했고 이에 위나라는 군대를 돌려 제나라 군대를 맞이했지만 두 나라 국경지대인 계릉桂陵에서 기다리던 제나라 군대에게 대패한다.

13년 뒤에 위나라는 다시 한韓나라를 공격했고 한나라는 제나라에 구원을 요청한다. 손빈은 조나라를 통해 한나라를 구원하는 대신 다시 위나라로 곧장 진군한다. 방연은 위나라 태자를 뒤이어 군대를 돌려 제나라 군대를 공격하지만 거짓 후퇴하던 제나라 군대에게 다시 계릉 부근 마릉馬陵에서 대패한다. 그 결과 태자는 포로가 되고 방연은 죽는다.

두 번에 걸쳐 제나라에 대패한 위나라는 급격하게 내리막길을 걷고 삼진三晉(조, 위, 한)의 주도권은 조趙나라로 옮겨간다. 제나라는 두 번의 대승으로 일약 동방의 강국으로 등장하며 이후 서기전 284년 5국 연합군에게 대패하기 전까지 번영의 시대를 연다. 이후 손빈의 행적에 대해 알려진 것은 없지만 제나라에서 편안하게 생을 마쳤을 것으로 추정된다.

오기는 위衛나라 사람이며 용병을 잘했다. 노나라로 가서 벼슬하다가 전국초기 현명한 군주이던 위魏나라 문후文侯를 섬겨, 서하西河 일대를 개척하여 위나라를 일약 최강국으로 만든다. 문후의 뒤를 이어 무후가 등극했지만 위나라에서 위협을 느끼던 오기는 초나라로 망명하여 개혁을 주도하다 귀족들에게 살해당했다고 열전에 기록되어 있다. 하지만 이는 후대 호사가들이 지어낸 이야기일 가능성이 많은데 이는 신주에 기록해 두었다. 〈위세가〉에 나온 대로, 오기는 위나라에서 계속 벼슬하다 생을 마 쳤을 것이다.

오기가 《오기병법》을 지었다고 하지만 그 역시 《손자병법》과 마찬가 지로 후대에 계속 보태진 기록이라는 견해가 많다. 손자와 더불어 오기 는 오자吳子로 불리기도 하는데 두 사람의 병법을 합쳐 '손오병법'으로 불린다. '손오병법'은 병가兵家의 경전으로 칭송되고 있다.

손무와 손빈

손자 손무孫武는 제나라 사람이다.① 병법을 가지고 오왕 합려闔廬를 만나보았다. 합려가 말했다.

"그대가 지은 병서兵書 13편②을 내가 모두 보았는데 작게나마 군사를 시험하여 훈련시켜 보겠소?"

대답했다.

"좋습니다."

합려가 말했다.

"부인婦人들에게 시험할 수 있겠소?"

손무가 말했다.

"할 수 있습니다."

이에 허락하고 궁중의 미녀들을 나오게 하여 180명을 얻었다. 손자는 2개의 부대로 나누어 만들었다. 왕이 총애하는 여인 두 사람을 각각 대장隊長으로 삼아③ 모두 명령을 내려 가지창을 들게 했다. 명을 내렸다.

"너희들은 가슴과 좌우의 손과 등을 아는가?"

부인들이 대답했다.

"알고 있습니다."

손자가 말했다.

"앞이라고 하면 가슴을 보고 좌라고 하면 왼손을 보고 우라고 하면 오른손을 보고 뒤라고 하면 곧 등을 바라본다."

부인들이 대답했다.

"알겠습니다."

孫子武者 齊人也① 以兵法見於吳王闔廬 闔廬曰 子之十三篇② 吾盡觀之矣 可以小試勒兵乎 對曰 可 闔廬曰 可試以婦人乎 曰 可 於是許之 出宮中美女 得百八十人 孫子分爲二隊 以王之寵姬二人各爲隊長③ 皆令持戟 令之曰 汝知而心與左右手背乎 婦人曰 知之 孫子曰 前 則視心 左 視左手 右 視右手 後 卽視背 婦人曰 諾

① 孫子武者 齊人也손자무자 제인야

[정의] 위무제가 말했다. "손자는 제나라 사람이다. 오왕 합려에게 종사하여 오나라 장수가 되었는데《병법》13편을 지었다."

魏武帝云 孫子者 齊人 事於吳王闔閭 爲吳將 作兵法十三篇

[신주] 손무는 오나라 사람이라는 설도 다수 존재한다.

② 子之十三篇자지십삼편

[정의] 《칠록》에서 《손자병법》은 세 권이라 한다. 살펴보니 13편은 상권인데 또 중, 하 두 권이 더 있다.

七錄云孫子兵法三卷 案 十三篇爲上卷 又有中下二卷

③ 爲隊長위대장

약속이 선포되고 나서 손자는 부월鈇鉞을 설치하고 곧바로 몇 차례 알려주고 명령했다. 이에 북을 쳐서 '우'라고 했지만 부인들은 깔깔대고 웃었다. 손자가 말했다.

"약속이 분명하지 못하고 군령을 펼침이 익숙지 못한 것은 장군의 죄이다."

다시 몇 차례 알려주고 명령하여 북을 쳐서 '좌'라고 했지만 부인들이 다시 깔깔대고 웃었다. 손자가 말했다.

"약속이 분명하지 못하고 군령을 펼침이 익숙지 못한 것은 장군의 죄이다. 이미 분명히 했는데도 법과 같지 않은 것은 맡은 군사의 죄이다."

이에 좌우의 대장隊長을 참수하고자 했다. 오왕이 누대 위에서 관람하다 아끼는 첩들을 장차 참수하려는 것을 보고 크게 놀랐다. 급히 사신을 시켜서[①] 영을 하달했다.

"과인은 이미 장군이 용병에 능숙하다는 것을 알았소. 과인은 이 두 여인이 아니면 먹어도 단맛을 느끼지 못하니 원컨대 참수하지 마시오."

손자가 말했다.

"신은 이미 명을 받아 장군이 되었는데 장군이 군문에 있으면 군주의 명이 있더라도 받지 않습니다."

마침내 대장 2명을 참수해서 조리돌렸다. 그 다음 사람을 써서 대장隊長으로 삼고 이에 다시 북을 쳤다.

부인들이 좌우 전후로 앉았다 일어났다 하는 것이 모두 법도에 알맞고 감히 소리를 내지 못했다. 이에 손자가 사신을 시켜 왕에게 보고했다.

"군사들이 이미 정돈되었으니 왕께서 내려와 보시면 시험할 만할 것입니다. 오직 왕께서 사용하시고자 한다면 비록 물이나 불로 달려가라고 해도 달려갈 것입니다."

오왕이 말했다.

"장군께서는 그만두고 숙소로 가서 쉬시오. 과인은 내려가 관람하는 것을 원하지 않소."

손자가 말했다.

"왕께서는 무턱대고 병법의 말만을 좋아할 뿐 그 실제로 사용하는 데는 능하지 못하십니다."

이에 합려는 손자가 용병에 능숙한 것을 알고 마침내 장군으로 삼았다. 서쪽에서 강한 초나라를 쳐부수고 영郢으로 쳐들어갔으며 북쪽으로 제나라와 진晉나라를 위협하고 제후에게 이름을 날렸는데, 손자가 참여해서 힘을 보탰다.

約束旣布 乃設鈇鉞 卽三令五申之 於是鼓之右 婦人大笑 孫子曰 約束不明 申令不熟 將之罪也 復三令五申而鼓之左 婦人復大笑 孫子曰 約束不明 申令不熟 將之罪也 旣已明而不如法者 吏士之罪也 乃欲斬左古隊長 吳王從臺上觀 見且斬愛姬 大駭 趣使使^①下令曰 寡人已知將軍能用兵矣 寡人非此二姬 食不甘味 願勿斬也 孫子曰 臣旣已受命

爲將 將在軍 君命有所不受 遂斬隊長二人以徇 用其次爲隊長 於是復
鼓之 婦人左右前後跪起皆中規矩繩墨 無敢出聲 於是孫子使使報王
曰 兵旣整齊 王可試下觀之 唯王所欲用之 雖赴水火猶可也 吳王曰
將軍罷休就舍 寡人不願下觀 孫子曰 王徒好其言 不能用其實 於是
闔廬知孫子能用兵 卒以爲將 西破彊楚 入郢 北威齊晉 顯名諸侯 孫
子與有力焉

① 趣使使촉사시

색은 趣의 발음은 '촉促'이고 급한 것을 이른다. 뒤에 使의 발음은 '시
[色吏反]'이다.

趣音促 謂急也 下使音色吏反

손무가 죽고 나서① 100여 년 뒤에는 손빈孫臏이 있었다. 손빈은
아阿와 견鄄의 사이에서 태어났는데 손빈 또한 손무의 후세 자손
이다.

손빈은 일찍이 방연龐涓과② 함께 병법을 배웠다. 방연은 이미 위
魏나라를 섬겨 혜왕惠王의 장군이 되었으나 스스로 생각하기를
손빈에 미치지 못한다고 여겼다. 이에 몰래 사람을 시켜 손빈을
불렀다. 손빈이 이르자 방연은 그가 자기보다 현명한 것을 두려워
하고 미워하여 법을 적용해 그의 양쪽 발을 자르고 (이마에) 먹물
뜨는 형벌을 가해서 숨어 나타나지 않기를 원했다.

孫武旣死^① 後百餘歲有孫臏 臏生阿鄄之間 臏亦孫武之後世子孫也 孫
臏嘗與龐涓^②俱學兵法 龐涓旣事魏 得爲惠王將軍 而自以爲能不及孫
臏 乃陰使召孫臏 臏至 龐涓恐其賢於己 疾之 則以法刑斷其兩足而黥
之 欲隱勿見

① 孫武旣死손무기사

집해 《월절서》에서 말한다. "오현 무문巫門 밖의 큰 무덤이 손무의 무
덤인데 현과의 거리는 10리이다."

越絕書曰 吳縣巫門外大冢 孫武冢也 去縣十里

색은 살펴보니 《월절서》는 자공子貢이 저술했다고 했는데 아마 잘못일
것이다. 그 책에는 오吳와 월越이 망한 뒤의 토지에 대해 많이 기록되어
있으니 어떤 이는 후세 사람이 기록했다고 했다.

按 越絕書云是子貢所著 恐非也 其書多記吳越亡後土地 或後人所錄

정의 《칠록》에서 《월절서》는 16권이라고 했는데, 어떤 이는 오자서가
지었다고 했다.

七錄云越絕十六卷 或云伍子胥撰

② 孫臏嘗與龐涓손빈상여방연

색은 臏의 발음은 '빈[頻忍反]'이고 龐의 발음은 '팡[皮江反]'이고 涓의
발음은 '견[古玄反]'이다.

臏 頻忍反 龐 皮江反 涓 古玄反

제나라 사신이 양梁나라[1]로 갔는데 손빈은 형벌을 받은 몸이므로 몰래 만나보고 제나라 사신을 설득했다. 제나라 사신이 기이하게 여기고 몰래 수레에 싣고 함께 제나라로 갔다. 제나라 장수 전기田忌가 잘 대우하여 객客으로 대접했다.

전기는 자주 제나라 여러 공자와 많은 돈을 걸고 경마를 했다. 손자는 말들이 달리는 것은 큰 차이가 없음을 보았는데, 말에는 상, 중, 하의 무리가 있었다. 이에 손자가 전기에게 말했다.

"군君께서는 단지 내기를 좋아하시니[2] 신은 군께서 이기시게 할 수 있습니다."

전기가 믿을 만하다고 여기고 왕과 여러 공자와 1,000금을 걸고 경마 내기를 했다.[3] 경기에 다다라[4] 손빈이 말했다.

"지금 군君의 하등 사두마차를 저들의 상등 사두마차와 붙이고 군君의 상등 사두마차를 저들의 중등 사두마차에 붙이고 군君의 중등 사두마차는 저들의 하등 사두마차에 붙이십시오."

세 무리의 경마가 끝나고 나서 전기는 1패 2승을 거두어 마침내 왕이 1,000금을 얻었다. 이에 전기는 손자를 위왕威王에게 추천했다. 위왕이 병법을 묻고 마침내 군사軍師로 삼았다.

齊使者如梁[1] 孫臏以刑徒陰見 說齊使 齊使以爲奇 竊載與之齊 齊將田忌善而客待之 忌數與齊諸公子馳逐重射 孫子見其馬足不甚相遠 馬有上中下輩 於是孫子謂田忌曰 君弟重射[2] 臣能令君勝 田忌信然之 與王及諸公子逐射千金[3] 及臨質[4] 孫子曰 今以君之下駟與彼上駟 取君上駟與彼中駟 取君中駟與彼下駟 旣馳三輩畢 而田忌一不勝而再勝 卒得王千金 於是忌進孫子於威王 威王問兵法 遂以爲師

① 梁양

정의 지금의 변주汴州이다.

今汴州

신주 전국시대 위魏나라이다. 대량大梁으로 수도를 옮긴 이후에는 속칭 양나라라고 부르기도 한다.

② 弟重射제중사

색은 제弟는 단但이다. 중사重射는 내기를 좋아하는 것을 이른다.

弟 但也 重射謂好射也

③ 逐射千金축석천금

정의 射의 발음은 '석石'이다. 경마에 따라 1,000금을 걸고 내기하는 것이다.

射音石 隨逐而射賭千金

④ 質질

색은 살펴보니 질質은 대對와 같다. 장차 상대해서 내기를 하는 시기이다. 일설에는 질質은 붕堋(화살받기 터)을 이른다고 했는데 잘못이다.

按 質猶對也 將欲對射之時也 一云質謂堋 非也

> 그 뒤 위魏나라가 조趙나라를 정벌했는데 조나라는 급박해지자
> 제나라에 구원을 요청했다. 제나라 위왕은 손빈을 장수로 삼고자

했는데, 손빈이 사양해 말했다.

"형이 몸에 남은 사람이라 안 됩니다."

이에 전기田忌를 장수로 삼고 손자는 군사軍師가 되어 짐수레 안에 거처하면서 앉아서 계책을 만들었다. 전기가 군사를 이끌고 조나라로 가려고 하자 손자가 말했다.

"무릇 흩어져서 뒤섞이고 어지럽게 헝클어진 것①을 풀려면 주먹으로 쳐서는 안 되고,② 싸움을 말리려는 자는 치고받아서는 안 됩니다.③ 서로 밀치고 싸울 때 서로 막는 빈 곳을 쳐서④ 그 형세를 불리하게 만들면 저절로 해결될 따름입니다.⑤ 지금 양나라는 조나라와 서로 싸우니 날랜 병사와 정예로운 군졸들은 반드시 밖에 몰두해 있으니 안에는 피곤한 노약자들뿐일 것입니다.

군께서는 군사들을 이끌고 빨리 대량大梁으로 달려가서 그들의 거리와 길을 점거하는 것으로 그 사방의 빈 곳을 찌르는 것이 좋을 것입니다. 저들은 반드시 조나라를 놓아두고 스스로 구원하려고 할 것입니다. 이것이 우리가 일거에 조나라의 포위를 풀고 위나라를 피폐하게 하는 방법입니다.⑥"

전기가 이를 따르자 위나라는 과연 한단을 버리고 제나라와 계릉桂陵에서 싸웠는데,⑦ 제나라는 양나라 군대를 대파했다.

其後魏伐趙 趙急 請救於齊 齊威王欲將孫臏 臏辭謝曰 刑餘之人不可 於是乃以田忌爲將 而孫子爲師 居輜車中 坐爲計謀 田忌欲引兵之趙 孫子曰 夫解雜亂紛糾者①不控捲② 救鬪者不搏撠③ 批亢擣虛④ 形格勢禁 則自爲解耳⑤ 今梁趙相攻 輕兵銳卒必竭於外 老弱罷於內 君不若引兵疾走大梁 據其街路 衝其方虛 彼必釋趙而自救 是我一擧

解趙之圍而收弊於魏也⑥ 田忌從之 魏果去邯鄲 與齊戰於桂陵⑦ 大破
梁軍

① 解雜亂紛糾者해잡란분규자

[색은] 살펴보니 일이 뒤섞이고 어지러운데 두드려 당기는 것을 이른다.

按 謂事之雜亂紛糾擊挈也

② 不控捲불공권

[색은] 살펴보니 흐트러져 뒤섞이고 어지럽고 난잡한 것은 당연히 손으
로 푸는 것이 좋지 주먹으로 쳐서는 안 된다는 것을 이른다. 권捲은 곧
권拳이다. 유씨는 "공控은 짜는 것이고 권捲은 끈이다."라고 했는데 잘못
이다.

按 謂解雜亂紛糾者 當善以手解之 不可控捲而擊之 捲卽拳也 劉氏云控 綜 捲
縮 非也

③ 救鬪者不搏撠구투자불박극

[색은] 搏撠의 발음은 '박극博戟'이다. 살펴보니 싸움을 말리는 자는 마
땅히 그들을 떼어놓고 해결하는 것이 좋은 것이지 손수 도와서 서로 치
고 받아 그 노여움을 더욱 성하게 하는 일이 없어야 한다고 이른 것이다.
살펴보니 극撠은 손으로 남을 치고 찌르는 것이다.

博戟二音 按 謂救鬪者當善撝解之 無以手助相搏撠 則其怒益熾矣 按 撠 以手
撠刺人

④ 批亢擣虛비항도허

색은 批의 발음은 '별[白結反]'이고, 亢의 발음은 '강[苦浪反]'이다. 살펴보니 비批는 서로 밀치고 치는 것이다. '별[白滅反]'로 발음한다. 항亢은 적敵이 서로 막는 길목이다. 도擣는 치고 찌르는 것이다. 허虛는 공空이다. 살펴보니 앞에 있는 사람의 목덜미를 반드시 치는 것인데 저들의 군사가 만약 빈 곳이 있다면 치고 찌른다는 것을 이른 것이다. 양나라의 허점을 치게 하려는 것이다. 이것은 마땅히 옛 말이다. 그러므로 손자가 그 말을 한 것이다.

批音白結反 亢音苦浪反 按 批者 相排批也 音白滅反 亢者 敵人相亢拒也 擣者擊也 衝也 虛者 空也 按 謂前人相亢 必須批之 彼兵若虛 則衝擣之 欲令擊梁之虛也 此當是古語 故孫子以言之也

⑤ 形格勢禁 則自爲解耳형격세금 즉자위해이

색은 만약 그들의 목덜미를 치고 저들의 허점을 쳐서 찌르면 이는 일의 형세가 서로 맞서게 되니 그 세력은 스스로 그만두게 될 것이고 저들스스로 군사를 풀 것이라는 말이다.

謂若批其相亢 擊擣彼虛 則是事形相格而其勢自禁止 則彼自爲解兵也

⑥ 引兵疾走大梁～收獘於魏也인병질주대량～수폐어위야

색은 제나라에서 지금 군사를 인솔하고 대량大梁의 거리를 점거하는 것은 곧 그 사방의 허점을 찌를 때라는 것으로 양나라는 반드시 조나라를 놓아두고 스스로 구원하러 갈 것이니, 이것은 한 번 움직여 조나라 포위를 풀고 위나라를 피폐하게 한다는 것이다.

謂齊今引兵據大梁之衝 是衝其方虛之時 梁必釋趙而自救 是一擧釋趙而獘魏

신주 각 본에서 모두 '大梁之衝'(대량의 충돌)이라 되어 있으나 본문으로 보더라도 이는 '大梁之街'(대량의 거리)가 되어야 한다. 번역도 그에 따른다.

⑦ 戰於桂陵전어계릉

신주 제나라 군사가 서쪽으로 간다는 소식을 듣고 위나라 군사는 한단을 떠나 남쪽으로 행군했는데 마주친 곳이 마침 손빈이 태어난 견鄄에 가까운 계릉이었다. 손빈은 이쪽 지형을 잘 알았을 것인데 제나라는 그물을 쳐 놓고 기다리는 상황에서 위나라가 달려왔으니 싸움은 결과는 뻔한 것이었다.

13년 뒤,① 위나라와 조나라가 한나라를 공격하자② 한나라는 제나라에 위급함을 알렸다. 제나라는 전기 장군에게 곧바로 대량大梁으로 달려가게 했다. 위나라 장군 방연은 이 소식을 듣고 한나라를 떠나 돌아왔는데, 제나라 군대는 이미 (국경을) 넘어 서쪽으로 갔다. 손자가 전기에게 말했다.

"저 삼진三晉(한, 위, 조)의 군사들은 본래 사납고 용맹스러우니 제나라를 얕잡아 보고 제나라를 겁쟁이라고 부르는데 잘 싸우는 자는 그러한 형세를 따르면서 이롭게 이끄는 것입니다. 병법《손자병법》에 100리를 쫓아가서 승리를 얻으려는 자는 상장군을 잃고③ 50리를 쫓아가서 승리를 얻으려는 자는 군대의 절반만 이르게 된다고 했습니다. 제나라 군대가 위나라 땅에 들어가면 10만 개 아궁이를

만들고 다음 날에는 5만 개의 아궁이를 만들고 또 다음날에는
3만 개의 아궁이를 만들게 하십시오."

방연은 3일간 행군하고 크게 기뻐하여 말했다.

"나는 진실로 제나라 군사들이 겁쟁이라는 것을 알았다. 우리 땅
에 들어온 지 3일 만에 사졸의 도망자가 절반이 넘었다."

이에 그의 보병은 놓아두고 그 날랜 군사들과 함께 하루에 이틀
치를 행군하여 추격했다.

後十三歲^① 魏與趙攻韓^② 韓告急於齊 齊使田忌將而往 直走大梁 魏將
龐涓聞之 去韓而歸 齊軍旣已過而西矣 孫子謂田忌曰 彼三晉之兵素
悍勇而輕齊 齊號爲怯 善戰者因其勢而利導之 兵法 百里而趣利者蹶^③
上將 五十里而趣利者軍半至 使齊軍入魏地爲十萬竈 明日爲五萬竈
又明日爲三萬竈 龐涓行三日 大喜 曰 我固知齊軍怯 入吾地三日 士卒
亡者過半矣 乃棄其步軍 與其輕銳倍日并行逐之

① 後十三歲후십삼세

색은 왕소가 살펴보니 《기년》에서 말한다. "양혜왕 17년에 제나라 전
기田忌가 양나라를 계릉桂陵에서 무찔렀고 27년 12월에 이르러 제나라
전반田肦이 양나라를 마릉馬陵에서 무찔렀다." 계산해 보니 서로의 거리
(두 사건 사이)는 13년이 아니다.

王劭〔按〕紀年云梁惠王十七年 齊田忌敗梁于桂陵 至二十七年十二月 齊田肦
敗梁於馬陵 計相去無十三歲

신주 마릉전투는 12월에 시작되었고 본격적인 전투는 28년 초에 벌어
진다. 그러므로 계릉 전투에서 11년 뒤의 일이다.

② **魏與趙攻韓**위여조공한

이때 조나라는 한나라를 공격하지 않았다.

③ **蹶**궐

위무제가 말했다. "궐蹶은 꺾임과 같다."

魏武帝曰 蹶猶挫也

蹶의 발음은 '궐[巨月反]'이다. 유씨가 말했다. "궐蹶은 넘어지는 것과 같다."

蹶音巨月反 劉氏云 蹶猶斃也

손자는 그의 행동을 헤아리고 해가 저물 때면 마릉馬陵에 당도할 것이라 여겼다. 마릉은 길이 좁고 곁에는 험하고 막힌 곳이 많아서 병사를 숨길 만 했다.① 이에 큰 나무를 희게 벗겨내 글을 써서 "방연은 이 나무 아래에서 죽는다."라고 했다. 그래서 제나라 군사 중에 활을 잘 쏘는 자들에게 1만 개의 쇠뇌를 가지게 해서 좁은 길에 매복시키고 약속하기를 "저녁때 불을 드는 것이 보이거든 함께 발사하라."라고 했다.

방연은 과연 밤에 벗겨진 나무 아래에 이르러 흰 곳에 쓰인 글씨를 보려고 이에 불을 붙여 비추었다. 그 글을 다 읽기도 전에 제나라 군사가 1만 개 쇠뇌를 일제히 발사하니 위나라 군대는 크게 어지러워지고 서로를 잃었다. 방연은 스스로 지혜가 다하고 군사가 패한 것을 알고 이에 자결하면서② 말했다.

"마침내 어린 아이③가 명성을 이루게 되었구나!"

제나라는 승세를 타고 방연의 군대를 다 쳐부수고 위나라 태자 신申을 사로잡아서 돌아갔다. 손빈은 이 때문에 명성이 천하에 드러났고 대대로 그의 병법이 전해졌다.

孫子度其行 暮當至馬陵 馬陵道陜 而旁多阻隘 可伏兵① 乃斫大樹白而書之曰 龐涓死于此樹之下 於是令齊軍善射者萬弩 夾道而伏 期曰 暮見火擧而俱發 龐涓果夜至斫木下 見白書 乃鑽火燭之 讀其書未畢 齊軍萬弩俱發 魏軍大亂相失 龐涓自知智窮兵敗 乃自剄② 曰 遂成豎子③之名 齊因乘勝盡破其軍 虜魏太子申以歸 孫臏以此名顯天下 世傳其兵法

① 馬陵道陜～可伏兵마릉도협～가복병

신주 마릉은 앞서 설명한 계릉 부근이다. 대야택大野澤 북쪽이고 제나라에서 위나라로 가는 최단경로이다. 제수濟水는 남북으로 두 물줄기가 나란히 위치하여 동쪽으로 흐르기 때문에 붙은 이름이다. 남제수는 그 근원이 대야택이고 북제수는 그 근원이 북쪽 마릉과 계릉 일대이다. 주변이 모두 평지인데 구릉과 수풀이 있는 이 지역은 복병에 적당했다. 그렇다고 험준하고 높은 지형은 아니다. 밤이라는 시간과 구릉이라는 지형을 잘 활용해서 손빈은 대승을 거둔 것이다. 훗날 황하 물줄기가 자주 바뀌고 범람하는 바람에 이 지역은 지금 거의 평지가 되었다. 또 오늘날 황하 하류는 북제수 물줄기로 흘러들어서 북제수도 사라졌다.

② 乃自剄내자경

기록에 따라 '포로가 되었다, 죽임을 당했다, 자살했다' 등 여러 설이 있지만 전투 중에 죽었을 것이란 설이 가장 유력하다. 사마천은 극적 효과를 위해 이 기록을 채택했을 것이다. 참고로 최근에 출토된 죽백문에는 이미 앞선 계릉전투에서 방연을 사로잡았다고도 한다.

③ 豎子수자

색은 수자는 손빈을 이른다.

豎子謂孫臏

풍운아 오기

오기는 위衛나라 사람이며 용병을 좋아했다. 일찍이 증자曾子[①]
에게 배웠으며 노魯나라 군주를 섬겼다. 제나라 사람이 노나라
를 공격하자 노나라는 오기를 장수로 삼고자 했는데, 오기가 제
나라 여인을 취해 아내로 삼았으므로 노나라에서 머뭇거렸다.
오기는 이에 명예를 세우는 데 나아가고자 마침내 그의 아내를
죽여서 제나라와 함께 하지 않는다는 것을 밝혔다. 노나라가 마
침내 장수로 삼았다. 장수가 되어 제나라를 공격하여 크게 쳐부
수었다.

吳起者 衛人也 好用兵 嘗學於曾子[①] 事魯君 齊人攻魯 魯欲將吳起 吳
起取齊女爲妻 而魯疑之 吳起於是欲就名 遂殺其妻 以明不與齊也 魯
卒以爲將 將而攻齊 大破之

① 曾子증자

신주 공자의 제자 증삼曾參이다. 효도에 뛰어났고 《효경》을 지었다고
한다.

노나라의 어떤 사람이 오기를 미워해서 말했다.

"오기의 사람됨이 시기심이 있고 잔인한 사람입니다. 그가 젊었을 때, 집안에 수천 금을 모아 벼슬을 구하러 떠돌았으나 성공하지 못하였고 마침내 그의 집안을 무너뜨렸습니다. 고향 사람들이 비웃자, 오기는 자기를 비방하는 자 30여 명을 살해하였고 동쪽 위衛나라 성곽 문으로 탈출했습니다. 그는 어머니와 헤어지면서 자신의 팔을 물어뜯어 맹세하기를 '저는 경卿이나 재상이 되지 않으면 다시 위衛나라에 들어오지 않을 것입니다.'라고 하고는 마침내 증자를 섬겼습니다.

얼마 있다가 그의 어머니가 죽었지만 오기는 끝까지 돌아가지 않았습니다. 증자는 박정하다고 여기고 오기와 절연하였습니다. 오기는 이에 노나라로 가서 병법을 배워 노나라 군주를 섬겼는데 노나라 군주가 의심하자 오기는 그의 아내를 죽이고 장군이 되기를 구하였습니다. 대저 노나라는 작은 나라이니 전쟁에서 승리했다는 명성이 있게 되면 제후들이 노나라를 도모할 것입니다. 또 노나라와 위衛나라는 형제의 나라인데 군주가 오기를 등용하면 이는 위衛나라를 버리는 것입니다."

노나라 군주가 의심하고 오기와 이별했다.

魯人或惡吳起曰 起之爲人 猜忍人也 其少時 家累千金 游仕不遂 遂破其家 鄉黨笑之 吳起殺其謗已者三十餘人 而東出衛郭門 與其母訣 齧臂而盟曰 起不爲卿相 不復入衛 遂事曾子 居頃之 其母死 起終不歸 曾子薄之 而與起絕 起乃之魯 學兵法以事魯君 魯君疑之 起殺妻以求將 夫魯小國 而有戰勝之名 則諸侯圖魯矣 且魯衛兄弟之國也 而君用起 則是棄衛 魯君疑之 謝吳起

오기는 위魏나라 문후文侯가 현명하다는 소문을 듣고 가서 섬기
고자 했다. 문후가 이극李克에게 물었다.

"오기는 어떠한 사람입니까?"

이극이 대답했다.

"오기는 재물을 탐하고 여색을 좋아합니다.① 그러나 군사를 부리
는 것은 사마양저라도 뛰어넘지 못할 것입니다."

이에 위문후가 장군으로 삼았는데 오기는 진秦나라를 공격해 다
섯 개의 성을 함락시켰다.

吳起於是聞魏文侯賢 欲事之 文侯問李克曰 吳起何如人哉 李克曰 起
貪而好色① 然用兵司馬穰苴不能過也 於是魏文候以爲將 擊秦 拔五城

---

① 起貪而好色기탐이호색

색은 살펴보니 왕소가 말했다. "여기서 이극은 오기가 탐욕스럽다고
말했다. 아래 문장에서는 '위문후는 오기가 청렴하여 군사들의 마음을
모두 얻는다는 것을 알았다.'라고 했다. 또 공숙公叔의 노복이 오기를 일
컬어 '사람됨이 절개가 있고 청렴하다.'라고 했다. 어찌 앞에서는 탐욕스
럽다고 하고 뒤에서는 청렴하다고 하는가? 어찌 말이 서로 반대되는가?"

지금 살펴보니 이극이 오기를 탐욕스럽다고 말한 것은, 오기가 본래 집
에 천금을 쌓았는데 벼슬을 구하려고 재산을 탕진하는 바람에 실제로는
탐욕스럽지 않은데 탐욕스럽다고 말한 것이니 이것은 영예를 탐한 것일
뿐이다. 그래서 어머니가 죽었는데도 달려가지 않고 아내를 죽이고 노나
라 장수가 된 것이 이를 말한다. 어떤 이는 오기가 위魏나라에 예물을 바
치지 않고 오히려 탐한 흔적이 있었다고 했는데 그가 등용되어서는 청렴

하고 능력을 다했다고 했으니, 또한 진평의 사람됨과 무엇이 다르겠는가.

按 王劭云 此李克言吳起貪 下文云 魏文侯知起廉 盡能得士心 又公叔之僕稱
起 爲人節廉 豈前貪而後廉 何言之相反也 今按 李克言起貪者 起本家累千金
破産求仕 非實貪也 蓋言貪者 是貪榮名耳 故母死不赴 殺妻將魯是也 或者起
未委質於魏 猶有會迹 及其見用 則盡廉能 亦何異乎陳平之爲人也

오기는 장수가 되어서 사졸의 가장 아래 등급인 자와 의식衣食을
똑같이 했다. 누울 때에는 돗자리를 펴지 않았고 행군하면 말을
타지 않았고 자신이 먹을 양식을 싸가지고 다니며 사졸들과 노고
를 나누었다. 졸병들이 종기를 앓게 되면 오기는 직접 종기를 빨
아서[1] 낫게 했다. 졸병의 어머니가 듣고 통곡했다. 어떤 사람이
말했다.

"자식은 졸병이오. 그런데 장군이 직접 그의 종기를 빨아 주었다
는데 어찌 통곡하시오?"

그의 어머니가 말했다.

"그렇지 않소. 지난해에 오공吳公(오기)이 그 아버지의 종기를 빨아
주었는데 그 아버지가 싸우다 퇴각하지 않고 마침내 적에게 죽었습
니다. 오공께서 지금 또 그 아들의 종기를 빨아 주었으니 저는 그 애
가 어디에서 죽을지 알지 못합니다. 이 때문에 통곡하는 것입니다."

위나라 문후는 오기가 용병을 잘하고 청렴하고 공평하여 군사들
의 마음을 모두 얻었다고 여기고 이에 서하西河의 수守로 삼아 진
秦나라와 한나라를 막도록 했다.

起之爲將 與士卒最下者同衣食 臥不設席 行不騎乘 親裹贏糧 與士卒 分勞苦 卒有病疽者 起爲吮①之 卒母聞而哭之 人曰 子卒也 而將軍自 吮其疽 何哭爲 母曰 非然也 往年吳公吮其父 其父戰不旋踵 遂死於敵 吳公今又吮其子 妾不知其死所矣 是以哭之 文侯以吳起善用兵 廉平 盡能得士心 乃以爲西河守 以拒秦韓

① 吮연

추탄생은 吮의 발음이 '연[弋軟反]' 또는 '전[才軟反]'이라고 했다.
吮 鄒氏音弋軟反 又才軟反

연吮은 '핥다' 또는 '상처를 빨다'라는 뜻이다.

위문후가 죽고 나서 오기는 그의 아들 무후武侯를 섬겼다. 무후 는 서하에서 배를 타고 내려가다가 중류中流에서 돌아보면서 오 기에게 말했다.

"아름답도다! 산과 하수河水가 견고하구나! 이곳이 위나라 보배 로다!"

오기가 대답했다.

"(나라를 지키는 것은) 군주의 덕에 달려있지 험난함에 달려있지 않습 니다. 옛날 삼묘씨三苗氏는 왼쪽에는 동정호洞庭湖가 있었고 오른 쪽에는 팽려호彭蠡湖가 있었는데 덕과 의를 닦지 않아 우임금이 멸망시켰습니다. 하나라 걸桀은 거처의 왼쪽에는 하수와 제수가 있었고 오른쪽에는 태산과 화산華山이 있었고 이궐伊闕이 그 남쪽에 있었고 양장羊腸[①]이 그 북쪽에 있었는데도 정사를 닦는 것이 불인不仁하여 탕왕이 쫓아냈습니다. 은나라 주紂는 왼쪽에는 맹문孟門[②]이 있었고 오른쪽에는 태항太行이 있었고 상산常山이 그 북쪽에 있었고 대하大河가 그 남쪽을 지나는데도 정사를 닦는 것이 부덕不德하여 무왕이 죽였습니다. 이러한 것으로 관찰한다면 덕에 달려있지 험함에 달려있지 않습니다. 만약 군주께서 덕을 닦지 않는다면 배 안에 있는 사람들도 모두 적의 나라가 될 것입니다.[③]"

무후가 말했다.

"좋은 말이오."

魏文侯旣卒 起事其子武侯 武侯浮西河而下 中流 顧而謂吳起曰 美哉乎山河之固 此魏國之寶也 起對曰 在德不在險 昔三苗氏左洞庭 右彭蠡 德義不修 禹滅之 夏桀之居 左河濟 右泰華 伊闕在其南 羊腸[①]在其北 修政不仁 湯放之 殷紂之國 左孟門[②] 右太行 常山在其北 大河經其南 修政不德 武王殺之 由此觀之 在德不在險 若君不修德 舟中之人盡爲敵國也[③] 武侯曰 善

① 羊腸양장

집해 신찬이 말했다. "지금의 하남성에서 똑바로 (북쪽으로) 간다." 황보밀이 말했다. "호관壺關에 양장 언덕이 있는데 태원군 진양晉陽 서북쪽 90리에 있다."

瓚曰 今河南城爲直之 皇甫謐曰 壺關有羊腸阪 在太原晉陽西北九十里

② 孟門맹문

[색은] 유씨가 살펴보니 주紂의 도읍지가 조가朝歌인데 지금의 맹산孟山은 그 서쪽에 있다. 지금 좌左라고 말한 것은 동쪽 변두리에 따로 있는 맹문이다.

劉氏按 紂都朝歌 今孟山在其西 今言左 則東邊別有孟門也

③ 舟中之人盡爲敵國也주중지인진위적국야

[집해] 양자(양웅)의 《법언》에서 말한다. "아름다운 말이여! 오기에게 군사를 사용하게 했는데 매양 이와 같다면 태공太公인들 무엇을 더할 수 있겠는가."

楊子法言曰 美哉言乎 使起之用兵每若斯 則太公何以加諸

오기는 서하의 수守가 되자 명성을 크게 날렸다. 위魏나라가 재상의 직위를 두었는데 전문田文①이 재상이 되었다. 오기는 기뻐하지 않고 전문에게 말했다.

"청컨대 그대와 공로를 논하고 싶은데 하시겠습니까?"

전문이 대답했다.

"하겠소."

오기가 말했다.

"삼군을 거느리는데 사졸들로 하여금 즐거이 죽게 하고 적국이 감히 도모하지 못하게 한 것에 대해 그대와 저를 비교해 보면 어떻습니까?"

전문이 말했다.

"그대만 같지 못하오."

오기가 말했다.

"백관을 다스리고 모든 백성을 친하게 하고 창고를 채우는 것에 대해 그대와 저를 비교해 보면 어떻습니까?"

전문이 말했다.

"그대만 같지 못하오."

오기가 또 말했다.

"서하를 지켜 진秦나라 군사가 감히 동쪽으로 향하지 못하게 하고 한나라와 조나라가 빈賓으로 따르게 하는 것에 대해 그대와 저를 비교해 보면 어떻습니까?"

전문이 말했다.

"그대만 같지 못하오."

오기가 말했다.

"이 세 가지는 그대가 모두 나보다 아래인데 지위는 나의 위에 있으니 어쩐 일입니까?"

전문이 말했다.

"군주께서 나이가 어리시니 나라는 의심하고 대신들은 따르지 않고 백성들은 믿지 않는데 마침 이러한 때에 그대에게 위임하겠습니까, 나에게 위임하겠습니까,"

오기가 말이 없이 한참 있다가 말했다.

"그대에게 위임할 것입니다"

전문이 말했다.

"이것이 내가 그대의 위에 있는 까닭이오."

오기는 이에 자신이 전문과 같지 못한 것을 알았다.

(卽封)吳起爲西河守 甚有聲名 魏置相 相田文① 吳起不悅 謂田文曰 請
與子論功 可乎 田文曰 可 起曰 將三軍 使士卒樂死 敵國不敢謀 子孰與
起 文曰 不如子 起曰 治百官 親萬民 實府庫 子孰與起 文曰 不如子 起
曰 守西河而秦兵不敢東鄉 韓趙賓從 子孰與起 文曰 不如子 起曰 此三
者 子皆出吾下 而位加吾上 何也 文曰 主少國疑 大臣未附 百姓不信 方
是之時 屬之於子乎 屬之於我乎 起默然良久 曰 屬之子矣 文曰 此乃吾
所以居子之上也 吳起乃自知弗如田文

① 田文전문

[색은] 살펴보니 《여씨춘추》에는 '상문商文'으로 되어 있다.

按 呂氏春秋作商文

전문이 죽자 공숙公叔이 재상이 되었다.① 공숙은 위나라 공주의
배필이 되었으므로 오기를 해치려고 했다. 공숙의 노복이 말했다.

"오기가 떠나게 하는 것은 쉽습니다."

공숙이 말했다.

"어떻게 해야 하느냐?"

그의 노복이 말했다.

"오기는 사람됨이 지조가 있고 청렴하여 스스로 이름나는 것을

즐거워합니다. 군君께서는 무후와 함께 하시면서 먼저 말씀하시기를 '대저 오기는 현인입니다. 군후의 나라는 작고 또 강한 진秦나라 땅과 경계를 맞대고 있는데② 신은 오기가 머물러 있을 마음이 없을까 두렵습니다.'라고 하십시오. 그러면 무후께서 곧 말씀하시기를 '어떻게 해야 하오?'라고 하실 것입니다. 군께서 그 기회로 무후에게 말씀하시기를 '시험 삼아 공주를 시집보낸다고 하시어 오기가 머무를 마음이 있으면 반드시 받아들일 것이고 머무를 마음이 없다면 반드시 사양할 것입니다. 이러한 것으로 점을 치도록 하십시오.'라고 하십시오. 군께서 이로 인해 오기를 불러서 함께 돌아가시면서 곧 공주께서 노하게 하시어서 군을 깔보게 하십시오. 오기는 공주가 군을 천하게 여기는 것을 보면 반드시 사양할 것입니다."

이에 오기는 공주가 위魏나라 재상을 천하게 여기는 것을 보고 과연 위무후에게 사양했다. 무후는 오기를 의심하고 믿지 않았다. 오기는 죄를 얻을 것이 두려워 마침내 떠나 곧 초나라로 갔다.③

田文旣死 公叔爲相① 尙魏公主 而害吳起 公叔之僕曰 起易去也 公叔曰 柰何 其僕曰 吳起爲人節廉而自喜名也 君因先與武侯言曰 夫吳起賢人也 而侯之國小 又與彊秦壤界② 臣竊恐起之無留心也 武侯卽曰 柰何 君因謂武侯曰 試延以公主 起有留心則必受之 無留心則必辭矣 以此卜之 君因召吳起而與歸 卽令公主怒而輕君 吳起見公主之賤君也 則必辭 於是吳起見公主之賤魏相 果辭魏武侯 武侯疑之而弗信也 吳起懼得罪 遂去 卽之楚③

① 公叔爲相공숙위상

　색은　한나라 공족이다.

韓之公族

　신주　　색은　주석은 잘못으로 보이며, 《사기지의》에서도 이는 위나라 공숙좌公叔坐라면서 사마정이 그르다고 했다.

② 侯之國小 又與彊秦壤界후지국소 우여강진양계

　신주　이때는 전국시대 초기로서 최강국은 위나라였다. 한漢나라 지리 기준으로 이 당시 위나라 영토를 살펴보면, 서하의 상군上郡을 비롯하여 하동군, 평양군, 하내군, 위군, 동군, 진류군, 제음군 등 중원의 옥토는 대부분 위나라 소유였다. 진나라가 대외 팽창을 시작한 때는 진헌공秦獻公 말기부터인데 이때는 위나라 혜왕 시절이다. 위나라는 혜왕 때 진나라에 한 번, 제나라에 두 번 대패하면서 많은 영토를 잃고 쇠약해졌다.

③ 吳起懼得罪 遂去 卽之楚오기구득죄 수거 즉지초

　신주　오기는 초나라로 가서 죽었다고 했지만 〈위세가〉에는 그 3년 후에 제나라를 정벌했다고 나온다. 〈위세가〉는 공적 기록이라 〈오기열전〉보다 신빙성이 높다.

초나라 도왕悼王은 평소 오기가 현명하다는 소문을 들었으므로 초나라에 이르자 초나라 재상으로 삼았다. 이에 법을 명백하게 하고 명령을 살폈으며 급하지 않은 관직을 없애고 공족에서 멀어진 자들을 폐지시키고 전투하는 병사들을 어루만져서 길렀다. 강력한 군사에 중점을 두고 유세하며 합종合縱이나 연횡連橫을 말하는 자들을 물리쳤다.[1]

이에 남쪽으로 백월百越을 평정하고 북쪽으로 진陳과 채蔡를 합병하고 삼진三晉을 물리치고 서쪽으로 진秦나라를 정벌했다.[2] 제후들이 초나라의 강성함을 걱정했다. 그래서 초나라 귀인의 친척들이 모두 오기를 해치고자 했다.

도왕이 죽자 종실의 대신들이 난을 일으켜 오기를 공격했다. 오기는 달아나 왕의 시신이 있는 곳에 엎드렸다. 오기를 공격하던 무리들이 오기에게 활을 쏘아 죽였고 아울러 도왕[3] 시체에도 맞추었다. 도왕의 장사를 지내고 태자가 즉위했는데,[4] 이에 영윤을 시켜 오기에게 활을 쏜 자들과 아울러 왕의 시신을 맞춘 자들을 모두 죽였다. 오기에게 활을 쏜 일에 걸려 종족이 멸족되어 죽은 자가 70여 집안이었다.[5]

楚悼王素聞起賢 至則相楚 明法審令 捐不急之官 廢公族疏遠者 以撫養戰鬪之士 要在彊兵 破馳說之言從橫者[1] 於是南平百越 北并陳蔡 卻三晉 西伐秦[2] 諸侯患楚之彊 故楚之貴戚盡欲害吳起 及悼王死 宗室大臣作亂而攻吳起 吳起走之王尸而伏之 擊起之徒因射刺吳起 并中悼王[3] 悼王旣葬 太子立[4] 乃使令尹盡誅射吳起而并中王尸者 坐射起而夷宗死者七十餘家[5]

① 破馳說之言從橫者파치설지언종횡자

신주 유세가들이 연횡과 합종을 말하면서 각국을 떠돈 것은 오기가 죽고 한참 후인 전국시대 중기 무렵이다.

② 南平百越 ~ 西伐秦남평백월~서벌진

신주 백월은 남월이다. 백월을 평정한 것은 먼 훗날 진나라 통일시기부터 한漢나라 때이며, 초나라는 그 근처에도 가지 못했다. 진陳과 채蔡를 합병한 것은 오기가 초나라에 오기 전에 초나라 군주들이 했던 일이다. 특히 진陳이 망했을 때 오기는 태어나지도 않았을 때일 것이다. 삼진과 다툰 일은 〈초세가〉에 일부 나오지만 검토해 보면 오류가 많은 기록임을 알 수 있다. 〈초세가〉에 이미 주석을 달아 모두 설명했다. 진나라를 정벌한 일도 없었다.

③ 悼王도왕

색은 〈초세가〉에는 도왕悼王의 이름을 의疑라고 했다.

楚系家悼王名疑也

④ 太子立태자립

색은 숙왕 장臧이다.

肅王臧也

⑤ 及悼王死 ~ 宗死者七十餘家급도왕사~종사자칠십여가

신주 이때는 〈위세가〉 기준으로 무후 6년이고, 〈위세가〉 무후 9년에 오기는 제나라를 정벌하는 인물로 나온다. 또 초나라에서 초나라 도왕이 죽자 70여 가문의 대신들이 난을 일으켜 그들이 멸족되었다면 초나라의 큰 사건인데 〈초세가〉에 이런 중요한 사건이 기록되어 있지 않다.

태사공은 말한다.

세상에서 군사를 일컫는 자는 모두 《손자》 13편을 하였고 《오기병법》도 세상에 많이 퍼져있다. 그러므로 논하지 않았으며 그의 행적과 사업에서 베풀어진 것만을 논했다. 속담에 이르기를 "행동에 능한 자는 반드시 말에는 능하지 않고 말에 능한 자는 반드시 행동에는 능하지 않다."고 했다. 손자의 계책은 방연보다 밝았으나 일찍이 형벌을 당하는 우환을 구제하지 못했다. 오기는 무후에게 형세가 덕보다 못함을 설명했다. 그러나 초나라로 가서 각박하고 난폭하며 은혜는 적어서 그 몸을 망쳤구나. 슬프도다!

太史公曰 世俗所稱師旅 皆道孫子十三篇 吳起兵法 世多有 故弗論 論其行事所施設者 語曰 能行之者未必能言 能言之者未必能行 孫子籌策龐涓明矣 然不能蚤救患於被刑 吳起說武侯以形勢不如德 然行之於楚 以刻暴少恩亡其軀 悲夫

<u>색은술찬</u>　사마정이 펼쳐서 밝히다.

《손자병법》은 13편이다. (오나라는) 미인의 목을 베고 나서 좋은 장수(손무)를 얻게 되었다. 그 후손 손빈은 다리를 잃었지만 방연을 헤아려 계책을 세웠다. 오기는 위나라를 도왔고 서하에서 현인으로 칭송받았다. 초나라를 섬기는 것이 참혹하고 모질어서 죽은 뒤에도 저울질하여 (시체에) 머물렀구나!

孫子兵法 一十三篇 美人旣斬 良將得焉 其孫臏脚 籌策龐涓 吳起相魏 西河稱賢 慘礉事楚 死後留權

[지도 1] 손자오기열전

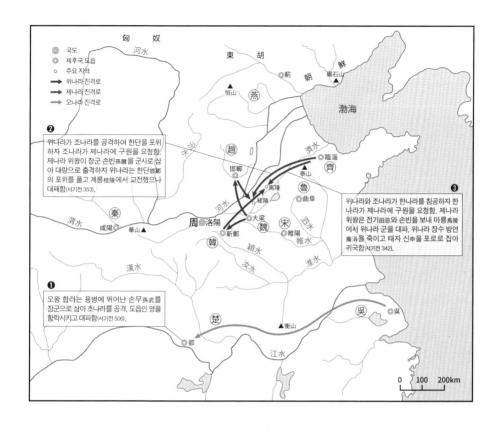

匈奴

河水

東 胡

朝 鮮

◎ 국도
◎ 제후국 도읍
○ 주요 지역
→ 위나라 진격로
→ 제나라 진격로
→ 오나라 진격로

薊 ◎
碣石山 ▲

恒山 ▲
燕

渤海

汾水

清水

趙

齊
◎臨淄

邯鄲 ◎

泰山 ▲

② 위나라가 조나라를 공격하여 한단을 포위하자 조나라가 제나라에 구원을 요청함. 제나라 위왕이 장군 손빈孫臏을 군사로 삼아 대량으로 출격하자 위나라는 한단邯鄲의 포위를 풀고 계릉桂陵에서 교전했으나 대패함(서기전 353).

馬陵

魯
◎曲阜

桂陵

③ 위나라와 조나라가 한나라를 침공하자 한나라가 제나라에 구원을 요청함. 제나라 위왕은 전기田忌와 손빈을 보내 마릉馬陵에서 위나라 군을 대파, 위나라 장수 방연龐涓을 죽이고 태자 신申을 포로로 잡아 귀국함(서기전 342).

渭水

秦
咸陽 ◎

華山 ▲

周◎洛陽

◎大梁
魏

宋
泗水

睢陽 ◎

漢水

韓
◎新鄭

潁水

汝水

淮水

① 오왕 합려는 용병에 뛰어난 손무孫武를 장군으로 삼아 초나라를 공격, 도읍인 영을 함락시키고 대파함(서기전 506).

楚

衡山 ▲

吳
◎吳

郢 ◎

江水

0   100   200km

사기 제66권 史記卷六十六

오자서열전 伍子胥列傳

사기 제66권 오자서열전 제6
史記卷六十六 伍子胥列傳第六

신주 오자서는 이름이 원員이고 자字가 자서子胥로 초나라 사람이었으나 오吳나라로 망명했다. 〈오자서열전〉은 오자서와 초나라 태자 건建의 아들 승勝에 대해서도 말하고있다.

오자서 일가의 비극은 초평왕楚平王이 태자의 며느리감이었던 진秦나라 여인을 가로채면서 시작된다. 이때 태자의 태부는 오자서의 아버지 오사伍奢였고 소부는 비무기費無忌였다. 비무기는 태자에게 충성하지 않아서 태자를 참소하였고 평왕은 태자 건을 송나라와 가까운 곳인 성보城父로 내쳤다. 평왕은 태자를 옹호하는 오사를 가두고 그의 두 아들을 불러 함께 죽이려고 했는데 오자서의 형은 가서 죽였지만 오자서는 오나라로 도망쳤다. 태자는 송나라로 도망쳤는데 화씨華氏의 난으로 인해 다시 정鄭나라로 달아난다. 태자 건은 정나라에서 자신을 따르던 자에게 죽임을 당하였고 그로인해 그 아들 승은 오자서가 있던 오나라로 달아났다.

한편 오나라에서 공자 광光은 왕위를 노리고 있었는데 이를 눈치 챈 오자서는 광에게 용사 전저專諸를 추천했고 공자 광은 전저를 시켜 오왕 요僚를 죽이고 등극했는데 이이가 오왕 합려闔廬이다. 이 무렵 초나라에서는 초평왕이 진秦나라 여인에게 낳은 아들 진軫이 등극했는데 이이가 초소왕楚昭王이다. 초나라는 초나라 대신 백주리와 극완을 죽였는데 백주리의 손자 백비伯嚭는 오나라로 도망쳐 오나라의 대부가 되었다.

합려 9년(서기전 506)에 오나라는 오자서의 건의대로 초나라를 대대적으로 공격하여 수도 영郢을 함락시켰고 초소왕은 도망쳤다. 오자서는 초평왕의 무덤을 파헤쳐 시신에 채찍질을 했다. 그러나 진秦나라 구원군이 도착하여 오나라 군대는 패했고 때마침 본국으로 돌아갔던 합려의 아우 부개夫概가 반란을 일으키자 합려는 군대를 돌려 부개를 공격했고 부개는 초나라로 달아났다.

5년 뒤에 오왕 합려는 월왕 구천句踐과 싸우다가 죽고 부차夫差가 즉위했다. 2년 뒤 '와신臥薪'하며 복수를 노리던 부차는 월나라를 대파하고 구천을 사로잡았다. 오자서는 월나라를 없앨 것을 주장하지만 뇌물을 받은 백비의 주장대로 구천을 살려주었다. 오만해진 부차는 북쪽의 제齊나라 등을 공략하지만 이는 실익 없이 국력만 소비하였다. 오자서는 계속해서 월나라를 없앨 것을 간하였지만 부차는 오자서에게 자결을 명하였다. 마침내 '상담嘗膽'하며 복수를 노리던 구천이 오나라를 멸망시키자 부차는 오자서에게 부끄럽다면서 자살하였다.

초나라는 오자서가 죽기 전에 건의 아들 승을 불러 백공白公에 봉했다. 승은 아버지를 죽인 정나라에 복수하려고 하였지만, 초나라는 적극적이지 않았다. 이에 노한 승은 난리를 일으켜 일시 왕위를 차지했지만 곧바로 진압당하고 자살하였다. 오자서의 삶은 비극으로 끝났지만 강남 지역에서는 그를 기리는 민간신앙이 아직껏 성행하고 있다.

오나라로 망명한 오자서

오자서는 초나라 사람이고 이름은 원員이다. 원의 아버지는 오사伍奢이고 원의 형은 오상伍尙이다. 그의 선조는 오거伍擧인데 곧은 말로 간언하는 것으로[①] 초나라 장왕莊王을 섬겨서 드러났다. 그래서 그 후세에 초나라에서 명성이 있게 되었다.

초나라 평왕에게는 태자가 있어서 이름을 건建이라고 했는데, 오사를 태부로 삼고 비무기費無忌[②]를 소부로 삼았다. 비무기는 태자 건에게 충성하지 않았다. 평왕이 비무기를 시켜 태자를 위해 진秦나라에서 며느리를 취하게 했는데 진나라 딸이 아름다웠다. 비무기는 급히 달려서 돌아와 평왕에게 보고했다.

"진나라 여인이 절색이니 왕께서 직접 취하면 좋을 것이며, 태자를 위해서는 다시 며느리를 맞아들이십시오."

평왕은 마침내 스스로 진나라 여인을 취했으며 그녀를 너무나 아끼고 사랑하여 아들 진軫을 낳았다. 그러고는 다시 태자를 위해 며느리를 맞아들였다. 비무기는 진나라 여인을 이용해 스스로 평왕에게 아첨했다. 그로 인해 태자를 떠나 평왕을 섬겼다. (비무기는) 하루아침에 평왕이 죽고 태자 건이 왕이 되면 자신을

죽일 것이라 여겨서 두려워했다. 그래서 태자 건을 참소했다. 건의
어머니는 채蔡나라 여인인데 평왕이 총애하지 않았다. 평왕은 점점
더 건을 멀리하여 건에게 성보城父③를 지키며 변방의 군사로 방비
하도록 했다.

伍子胥者 楚人也 名員 員父曰伍奢 員兄曰伍尚 其先曰伍擧 以直諫①
事楚莊王 有顯 故其後世有名於楚 楚平王有太子名曰建 使伍奢爲太
傅 費無忌②爲少傅 無忌不忠於太子建 平王使無忌爲太子取婦於秦 秦
女好 無忌馳歸報平王曰 秦女絶美 王可自取 而更爲太子取婦 平王遂
自取秦女而絶愛幸之 生子軫 更爲太子取婦 無忌旣以秦女自媚於平王
因去太子而事平王 恐一旦平王卒而太子立 殺已 乃因讒太子建 建母
蔡女也 無寵於平王 平王稍益疏建 使建守城父③ 備邊兵

① 伍擧 以直諫오거 이직간

색은 살펴보니 오거가 곧은 말로 간했다는 것이 《좌전》과 〈초세가〉에
보인다.

按 擧直諫 見左氏楚系家

신주 《사기지의》에서 말한다. "오참伍參의 아들이 오거이고 오거의 아
들이 오사이다. 장왕을 섬긴 자는 오참이고 영왕靈王을 섬긴 자는 오거
이다. 어찌 오거가 장왕에게 간할 수 있겠는가? 그 잘못을 이미 〈초세가〉
에서 설명했다." 즉 《좌전》을 참고하면 양옥승의 말에 타당성이 있다.

② 費無忌비무기

색은 살펴보니 《좌전》에는 '비무극費無極'으로 되어 있다.

按 左傳作費無極

③ 城父성보

집해 〈지리지〉에는 영천군에 성보현이 있다.

地理志穎川有城父縣

색은 본래는 진陳나라 읍인데 초나라가 진나라를 정벌하고 차지했다. 〈지리지〉에는 영천군에 성보현이 있다.

本陳邑 楚伐陳而有之 地理志穎川有城父縣

신주 주석들이 오류로 보인다. 영천군의 현은 보성父城이며 성보는 그보다 한참 동쪽으로 패군 소속이다. 당시 초나라와 송나라 및 진陳나라가 맞닿은 지점으로 초나라의 최전선이었다. 또 북쪽에 바로 송나라가 있어 나중에 건이 송나라로 도망치는 계기가 된다.

한참을 지나서 비무기는 또 낮밤으로 태자의 단점을 평왕에게 말했다.

"태자는 진秦나라 여인의 일로 인해 원망함이 없지 않으니 원컨대 왕께서는 조금이나마 스스로 준비하십시오. 태자는 성보에 살고부터 군사를 거느리고 밖으로 제후들과 교류하며 장차 쳐들어와 난을 일으키려고 할 것입니다."

평왕은 이에 그의 태부인 오사를 불러서 참고해 물었다. 오사는 비무기가 평왕에게 태자를 참소한 것을 알고 이에 기인하여 말했다.

"왕께서는 어찌하여 참소하고 해치는 소신小臣의 말만 듣고 골육을 멀리하려 하십니까."

비무기가 말했다.

"왕께서 지금 제재하지 않으시면 그 일이 성사될 것입니다. 왕께서는 장차 사로잡히실 것입니다."

이에 평왕은 노하여 오사를 가두고 성보사마城父司馬 분양奮揚[1]을 시켜 성보로 가서 태자를 살해하게 했다. 도착하기 전에 분양은 사람을 시켜서 먼저 태자에게 고했다.

"태자는 급히 떠나십시오. 그렇지 않으면 장차 죽임을 당할 것입니다."

태자 건은 도망쳐 송나라로 달아났다.

頃之 無忌又日夜言太子短於王曰 太子以秦女之故 不能無怨望 願王少自備也 自太子居城父 將兵 外交諸侯 且欲入爲亂矣 平王乃召其太傅伍奢考問之 伍奢知無忌讒太子於平王 因曰 王獨奈何以讒賊小臣疏骨肉之親乎 無忌曰 王今不制 其事成矣 王且見禽 於是平王怒 囚伍奢而使城父司馬奮揚[1]往殺太子 行未至 奮揚使人先告太子 太子急去 不然將誅 太子建亡奔宋

① 奮揚분양

[색은] 성보사마의 성명이다.

城父司馬之姓名也

비무기가 평왕에게 말했다.

"오사에게는 두 아들이 있는데 모두 현명하여 죽이지 않으면 초나라의 우환이 될 것입니다. 그의 아버지를 인질로 삼아 부르는 게 좋습니다. 그렇지 않으면 또 초나라의 우환이 될 것입니다."

왕이 사신을 시켜 오사에게 말했다.

"그대의 두 아들을 이르게 할 수 있다면 살 것이고 그렇지 못하면 죽을 것이다."

오사가 말했다.

"오상은 사람됨이 인仁하니 부르면 반드시 올 것입니다. 오원은 사람됨이 굳세고 사나우며 꾸짖음①을 참는 성격이라 큰일을 성취할 능력이 있습니다. 그는 오면 함께 붙잡힌다는 것을 알기 때문에 그 추세로는 반드시 오지 않을 것입니다."

왕은 듣지 않고 사람을 시켜 두 아들을 부르게 하면서 말했다.

"온다면 나는 너의 아버지를 살릴 것이다. 오지 않으면 지금 오사를 죽일 것이다."

無忌言於平王曰 伍奢有二子 皆賢 不誅且爲楚憂 可以其父質而召之 不然且爲楚患 王使使謂伍奢曰 能致汝二子則生 不能則死 伍奢曰 尚爲人仁 呼必來 員爲人剛戾忍詢① 能成大事 彼見來之并禽 其勢必不來 王不聽 使人召二子曰 來 吾生汝父 不來 今殺奢也

① 詢후

집해 詢의 발음은 '후[火候反]'이다.

音火候反

추탄생이 말했다. "다른 판본에는 '후訹'로 되어 있으며 꾸짖는다는 뜻이고 訽의 발음은 '후逅'이다." 유씨는 訽의 발음은 '후[火候反]'라고 했다.

鄒氏云 一作訹 罵也 音逅 劉氏音火候反

오상이 가려고 하자 오원이 말했다.

"초나라에서 우리 형제를 부르는 것은 우리 아버지를 살리고자 해서가 아닙니다. 아마 탈출하는 자가 있어 뒤에 근심이 있을까 여기는 것이므로 아버지를 인질로 삼아 거짓으로 (우리) 두 아들을 부르는 것입니다. 두 아들이 도착하면 아버지와 아들은 함께 죽을 것입니다. 어찌 아버지가 죽는 데 보탬이 되겠습니까? 가면 원수도 갚지 못할 뿐입니다. 다른 나라로 달아나서 힘을 빌려 아버지의 수치를 씻는 것이 나을 것이며 함께 죽는 것은 쓸모없습니다."

오상이 말했다.

"가더라도 아버지의 목숨을 온전히 하지 못한다는 것을 나는 알고 있다. 그러나 아버지가 나를 불러 살기를 구하는데 가지 않으면 한스럽고 뒤에 치욕을 씻지 못한다면 마침내 천하의 웃음거리가 될 뿐이다."

오원에게 말했다.

"(너는) 떠나는 게 좋겠구나! 너는 아버지를 죽인 원수를 갚을 수 있다. 나는 장차 죽음으로 돌아가리라."

오상이 잡으러 온 자들에게 나아가고 나자 사자들은 오서伍胥(오
원)를 체포하려고 했다. 오서가 활을 당겨① 화살을 재고 사자를
향하자 사자는 감히 나아가지 못했고 오서는 마침내 도망쳤다.
태자 건이 송나라에 있다는 소식을 듣고 가서 따랐다.② 오사는
자서가 도망쳤다는 소식을 듣고 말했다.

"초나라 군주와 신하들이 장차 병화에 고초를 겪겠구나!"

오상이 초나라에 이르자 초나라는 오사와 오상을 모두 죽였다.

伍尙欲往 員曰 楚之召我兄弟 非欲以生我父也 恐有脫者後生患 故以
父爲質 詐召二子 二子到 則父子俱死 何益父之死 往而令讎不得報耳
不如奔他國 借力以雪父之恥 俱滅 無爲也 伍尙曰 我知往終不能全父
命 然恨父召我以求生而不往 後不能雪恥 終爲天下笑耳 謂員 可去矣
汝能報殺父之讎 我將歸死 尙旣就執 使者捕伍胥 伍胥貫弓①執矢嚮使
者 使者不敢進 伍胥遂亡 聞太子建之在宋 往從之② 奢聞子胥之亡也
曰 楚國君臣且苦兵矣 伍尙至楚 楚并殺奢與尙也

① 貫弓만궁

집해 貫의 발음은 '완[烏還反]'이다.

貫 烏還反

색은 유씨는 貫의 발음은 '만彎'이고, 또 '관[古患反]'으로도 발음한다고
했다. 만貫은 활의 시위를 당기는 것을 이른다.

劉氏音貫爲彎 又音古患反 貫謂滿張弓

② 聞太子建之在宋 往從之문태자건지재송 왕종지

오자서는 곧바로 오나라로 도망쳤을 뿐이다. 그래서 강수를 건 넜고 밥을 빌어먹었다. 태자의 아들 건과 함께 도망치지 않았다. 《사기 지의》의 저자 양옥승도 사마천이 무슨 근거로 이렇게 기록했는지 의심 하였다.

오서가 송나라에 이르렀는데 송나라에 화씨華氏의 난이 있어서[1] 태자 건과 함께 정鄭나라로 달아났다.[2] 정나라 사람들은 아주 잘 대해주었다. 태자 건은 또 진晉나라로 갔는데 진나라 경공頃公이 말했다.

"태자는 이미 정나라에서 잘 대우하고 정나라는 태자를 믿고 있 소. 태자가 우리를 위해 안에서 응하고 우리가 그 밖에서 공격하 면 정나라를 멸할 것은 틀림없소. 정나라를 멸하면 태자를 봉하 겠소."

태자가 이에 정나라로 돌아왔다. 일이 시작되지 않았는데 때마침 사사로운 감정으로 그를 따르는 자를 죽이려고 했다. 따르는 자 는 그 계획을 알고 그 사실을 정나라에 알렸다. 정나라 정공定公 과 자산子産은 태자 건을 처단하여 죽였다.[3]

伍胥旣至宋 宋有華氏之亂[1] 乃與太子建俱奔於鄭[2] 鄭人甚善之 太子 建又適晉 晉頃公曰 太子旣善鄭 鄭信太子 太子能爲我內應 而我攻其 外 滅鄭必矣 滅鄭而封太子 太子乃還鄭 事未會 會自私欲殺其從者 從 者知其謀 乃告之於鄭 鄭定公與子産誅殺太子建[3]

① 宋有華氏之亂송유화씨지란

색은 《춘추》 소공 20년, 송나라 화해, 상녕, 화정이 군주와 더불어 다투다 탈출해 도망쳤다는 것이 이것이다.

春秋昭二十年 宋華亥向寧華定與君爭而出奔是也

② 與太子建俱奔於鄭여태자건구분어정

신주 〈십이제후연표〉에는 태자 건이 정나라로 도망친 해에 오자서는 이미 오나라로 도망쳐 왔다고 기록하고 있다. 그때는 초평왕 7년이고 오왕 요 5년이다.

③ 鄭定公與子産誅殺太子建정정공여자산주살태자건

신주 〈십이제후연표〉에는 정나라 정공 11년, 〈정세가〉에는 10년이라고 기록하면서 건의 아들 승勝이 오나라로 달아났다고 쓰고 있다. 정공 11년은 초평왕 10년이고 오왕 요 8년으로 오자서가 오나라에 온 지 3년이 지났다. 또 자산은 《좌전》에 따르면 2년 전에 죽었다. 물론 〈십이제후연표〉와 〈정세가〉는 《좌전》의 기록보다 무려 26년 후에 자산이 죽었다고 기록했지만, 《사기》 기록이 오류일 가능성이 많다.

건에게는 아들이 있었는데 이름이 승勝이다. 오서는 두려워하며 승과 함께 오吳나라로 달아났다.① 소관昭關② 에 도착하자 소관에서 체포하려고 했다. 오서는 마침내 승과 따로 홀몸이 되어 걸어서 달아났는데 거의 탈출하지 못하게 되었다. 추격하는 자가 오자서의 뒤를 쫓아왔다. 오자서는 강수에 이르러 강수 부근에 어부 한 사람이 배를 띄우고 있었는데 오서가 급한 것을 알고 이에 오서를 건너게 해주었다. 오서는 강수를 건너고 나서 그의 검을 풀어 주면서 말했다.

"이 검은 100금의 값어치가 있는데 그대에게 드리겠습니다."

어부가 말했다.

"초나라 법에 오서를 잡은 자는 좁쌀 5만 섬에 집규執珪의 작위를 하사한다고 했는데 어찌 한갓 100금의 검을 받겠습니까."

그래서 받지 않았다. 오서는 오나라에 이르지도 못했는데 병에 걸려 중도에 멈추어 빌어먹어야 했다.[③] 오나라에 이르자 오왕 요僚는 마침 국정을 장악하고 공자 광光은 장군이 되었다. 오서는 공자 광을 통해 오왕을 만나보기를 구했다.

建有子名勝 伍胥懼 乃與勝俱奔吳[①] 到昭關[②] 昭關欲執之 伍胥遂與勝獨身步走 幾不得脫 追者在後 至江 江上有一漁父乘船 知伍胥之急 乃渡伍胥 伍胥既渡 解其劍曰 此劍直百金 以與父 父曰 楚國之法 得伍胥者賜粟五萬石 爵執珪 豈徒百金劍邪 不受 伍胥未至吳而疾 止中道 乞食[③] 至於吳 吳王僚方用事 公子光爲將 伍胥乃因公子光以求見吳王

① 伍胥懼 乃與勝俱奔吳오서구 내여승구분오

신주 아마 승은 오자서가 오나라에 있다는 것을 듣고 도망쳐 왔을 것이다.

② 昭關소관

[색은] 그 관關은 강수의 서쪽에 있는데 당시 오吳와 초楚의 경계이다.

其關在江西乃吳楚之境也

③ 止中道 乞食지중도 걸식

[집해] 장발이 말했다. "오자서가 걸식하던 곳은 단양군 율양현溧陽縣에 있다."

張勃曰 子胥乞食處在丹陽溧陽縣

[색은] 살펴보니 장발은 진晉나라 사람이고 삼국시대 오나라 홍려鴻臚 장엄張嚴의 아들이며 《오록》을 지었다. 배인이 주석에 인용한 것이 이것이다. 溧의 발음은 '율栗'이고 물 이름이다.

按 張勃 晉人 吳鴻臚嚴之子也 作吳錄 裴氏注引之是也 溧音栗 水名也

초나라에 복수하다

오랜 시간이 흘러① 초나라 평왕 때 초나라 변방 읍 종리鍾離와 오나라 변방 읍 비량지卑梁氏에서 함께 양잠을 쳤다. 양쪽 여자들이 뽕 따는 것을 두고 다투다 서로 치고받아서 크게 노하였다. 이에 두 나라가 군사를 일으켜 서로 정벌하는 데까지 이르렀다. 오나라는 공자 광을 보내서 초나라를 정벌하게 했는데 초나라 종리와 거소居巢를 함락하고 돌아왔다.② 오자서는 오왕 요를 설득해서 말했다.

"초나라를 쳐부술 만합니다. 원컨대 다시 공자 광을 파견하십시오."

공자 광은 오왕에게 말했다.

"저 오서는 아버지와 형이 초나라에서 죽임을 당했으므로 왕에게 초나라를 정벌하라고 권해서 스스로 그 원수를 갚고자 할 뿐입니다. 초나라를 정벌하더라도 쳐부수지는 못할 것입니다."

오서는 공자 광이 속으로 뜻이 있어서 왕을 죽이고 스스로 서려고 하므로 외적인 일로 설득할 수 없음을 알고 이에 공자 광에게 전저專諸③를 추천하고 물러나 태자 건의 아들 승과 함께 들에서 밭을 갈았다.

久之① 楚平王以其邊邑鍾離與吳邊邑卑梁氏俱蠶 兩女子爭桑相攻 乃大怒 至於兩國舉兵相伐 吳使公子光伐楚 拔其鍾離居巢而歸② 伍子胥說吳王僚曰 楚可破也 願復遣公子光 公子光謂吳王曰 彼伍胥父兄爲戮於楚 而勸王伐楚者 欲以自報其讎耳 伐楚未可破也 伍胥知公子光有內志 欲殺王而自立 未可說以外事 乃進專諸③於公子光 退而與太子建之子勝耕於野

① 久之구지

신주 〈십이제후연표〉에서 이때는 초평왕 11년으로 승이 도망쳐 온 다음 해이다. 사마천이 이런 표현을 쓴 것은 다분히 오자서가 도망쳐 온 초평왕 7년이 기준이기 때문이다. 이는 〈오자서열전〉에서 오자서가 태자 건을 따랐다는 기록이 잘못임을 《사기》가 입증하고 있다.

② 鍾離居巢而歸종리거소이귀

색은 두 읍은 초나라 현이다. 살펴보니 종리현은 육안군에 있다. 옛날 종리자鍾離子의 국가로 《세본》에는 '종리終犂'라 했으며 영성嬴姓의 국가이다. 거소도 국가이다. 걸桀이 남소南巢로 달아났는데 그 국가는 아마 멀었을 것이다. 《상서서》에서 "소백이 와서 조회했다."라고 했으니 아마 회남淮南의 초나라 땅에서 살았기 때문일 것이다.

二邑 楚縣也 按 鍾離縣在六安 古鍾離子之國 系本謂之終犂 嬴姓之國 居巢亦國也 桀奔南巢 其國蓋遠 尚書序巢伯來朝 蓋因居之於淮南楚地也

③ 專諸전저

《좌전》에서 '전설저專設諸'라고 한다.

左傳謂之專設諸

5년이 지나서 초나라 평왕이 죽었다.[①] 애초에 평왕은 태자 건의
아내가 될 진秦나라 여인을 빼앗아 아들 진軫을 낳았는데, 평왕
이 죽자 진軫이 마침내 즉위하여 뒤를 이었는데, 이이가 소왕昭王
이다. 오왕 요는 초나라가 상喪을 당한 것을 계기로 두 공자에게
군사를 이끌고 가서 초나라를 습격하게 했다.

초나라는 군사를 일으켜 오나라 군사의 뒤를 차단하여 돌아가지
못하게 했다. 이에 오나라 국내는 텅 비게 되었다. 공자 광은 이에
전저를 시켜 오왕 요를 습격하여 찌르게 하고 스스로 왕이 되었는
데 이이가 오왕 합려闔廬이다. 합려가 이미 왕위에 올라 뜻을 얻자
이에 오원을 불러 행인行人으로 삼아 함께 국사를 도모했다.

초나라에서 대신大臣 극완郤宛과 백주리伯州犁를 죽이자 백주리의
손자 백비伯嚭가 오나라로 도망쳐 오자[②] 오나라는 또한 백비를
대부로 삼았다. 지난날 왕 요가 군사를 인솔하고 초나라를 정벌
하러 보낸 두 공자[③]는 길이 끊어져 돌아오지 못했다. 나중에 합
려가 왕 요를 시해하고 스스로 왕이 되었다는 소식을 듣고 마침
내 그의 군사들을 들어 초나라에 항복했다. 초나라는 그들을 서
舒 땅에 봉했다.[④]

五年而楚平王卒[①] 初 平王所奪太子建秦女生子軫 及平王卒 軫竟立爲
後 是爲昭王 吳王僚因楚喪 使二公子將兵往襲楚 楚發兵絶吳兵之後

不得歸 吳國內空 而公子光乃令專諸襲刺吳王僚而自立 是爲吳王闔

廬 闔廬旣立 得志 乃召伍員以爲行人 而與謀國事 楚誅其大臣郤宛伯

州犂 伯州犂之孫伯嚭亡奔吳[2] 吳亦以嚭爲大夫 前王僚所遣二公子[3]

將兵伐楚者 道絕不得歸 後聞闔廬弒王僚自立 遂以其兵降楚 楚封之

於舒[4]

① 五年而楚平王卒오년이초평왕졸

신주 평왕은 13년에 죽었으니, 앞선 기록을 감안하면 5년은 2년이라고

해야 한다.

② 伯州犂之孫伯嚭亡奔吳백주리지손백비망분오

집해 서광이 말했다. "백주리는 진晉나라 백종伯宗의 아들이다. 백주리

의 아들은 극완郤宛이고, 극완의 아들은 백비伯嚭이다. 극완 또한 성은 백

伯이고 또 별도의 씨가 극郤이다. 〈초세가〉에는 극완이 살해되었는데, 극

완의 종성宗姓인 백씨의 아들을 비嚭라고 했다. 〈오태백세가〉에는 초나라

에서 백주리를 죽이자 그의 손자 백비가 오나라로 달아났다고 했다."

徐廣曰 伯州犂者 晉伯宗之子也 伯州犂之子曰郤宛 郤宛之子曰伯嚭 宛亦姓伯

又別氏郤 楚世家云殺郤宛 宛之宗姓伯氏子曰嚭 吳世家云楚誅伯州犂 其孫伯

嚭奔吳也

색은 살펴보니 주리州犂는 백종伯宗의 아들이다. 극완郤宛은 주리의 아

들이다. 백비는 극완의 아들이다. 嚭의 발음은 '희喜'이다. 백씨伯氏에서

갈라진 성씨가 극郤이다.

按 州犂 伯宗子也 郤宛 州犂子 伯嚭 郤宛子 嚭音喜 伯氏別姓郤

《사기지의》에서 말한다. "백비가 오나라로 달아난 것은 초나라 에서 극완郤宛을 죽였을 때이며 백주리를 죽였기 때문이 아니다."

③ 二公子이공자

공자 촉용과 개여이다.

公子燭庸及蓋餘也

④ 道絶不得歸~楚封之於舒도절불득귀~초봉지어서

〈십이제후연표〉에서 공자들이 초나라로 달아난 것은 합려 3년 이다. 《좌전》 소공 27년에 "엄여掩餘는 서徐로 달아났고, 촉용燭庸은 종 오鍾吾로 달아났다."고 했다. 따라서 〈십이제후연표〉의 기록은 뒤 문장 인 합려 3년의 기록인 '오나라가 서徐나라를 멸하자 서나라 자작이 초 나라로 달아났다.'고 한 기록에 맞추어야 한다. 《사기지의》에서 말한다. "《좌전》에는 촉용과 엄여 두 공자가 초나라로 달아났을 뿐이라 했고 〈초세가〉도 그러한데 〈오자서열전〉에는 군사를 이끌고 항복했다고 하 니 첫째 잘못이다. 합려 원년에 엄여는 서徐로, 촉용은 종오로 달아났으 며, 3년에 이르러 두 공자는 초나라로 달아났는데, 여기서는 원년에 초 나라로 달아났다고 하니 둘째 잘못이다. 초나라는 양養에 성을 쌓고 두 공자를 자리하게 했으며, 성보城父와 호胡 땅을 주고 서舒에 봉한 일이 없는데, 〈오자서전〉에는 서에 봉했다고 하니 셋째 잘못이다. 《색은》 《오태백세가》에는 '《좌전》 소공 27년에 엄여掩餘는 서徐로 달아났다고 했다. 소공 30년에 오나라가 서徐를 멸하자, 서자徐子는 초나라로 달아 났다. 당연히 '서舒'는 '서徐' 자가 어지러워진 것이며, 또 기록이 소략되었 다.'라고 하였다."

합려가 왕이 된 지 3년, 이에 군사를 일으켜 오서, 백비와 함께 초나라를 정벌하여 서舒를 함락하고 마침내 옛날 오나라를 배반한 두 장군을 사로잡았다.[①] 그것을 기회로 삼아 영郢 땅에 이르고자 했는데 장군 손무孫武가 말했다.

"백성들이 피로해서 할 수 없으니 기다려야 합니다."

이에 돌아왔다.

4년, 오나라는 초나라를 정벌해 육六과 첨灊 땅[②]을 빼앗았다.

5년, 월越나라를 정벌해 무찔렀다.

6년,[③] 초나라 소왕은 공자 낭와囊瓦[④]를 시켜 군사를 거느리고 오나라를 정벌케 했다. 오나라는 오원을 시켜 맞아 싸우게 해서 초나라 군사를 예장豫章[⑤]에서 크게 깨뜨리고 초나라 거소 땅을 빼앗았다.

闔廬立三年 乃興師與伍胥伯嚭伐楚 拔舒 遂禽故吳反二將軍[①] 因欲至郢 將軍孫武曰 民勞 未可 且待之 乃歸 四年 吳伐楚 取六與灊[②] 五年 伐越 敗之 六年[③] 楚昭王使公子囊瓦[④]將兵伐吳 吳使伍員迎擊 大破楚軍於豫章[⑤] 取楚之居巢

① 拔舒 遂禽故吳反二將軍발서 수금고오반이장군

신주 〈오태백세가〉에는 두 공자를 죽이려고 했다고 기록하였으나 여기서는 사로잡았다고 기록하였다.

② 六與灊육여첨

집해 육六은 옛 국가이고 고요皐陶의 후예를 봉한 곳이다. 첨현에는 천주산天柱山이 있다.

六 古國 皋陶之後所封 灊縣有天柱山

[색은] 육은 옛 국가이고 고요의 후예를 봉한 곳이다. 첨현에는 천주산이 있다.

六 古國也 皋陶之後所封 灊縣有天柱山

[신주] 동이족 고요의 후손이 세운 육국六國은 동이족 국가이다. 고요는 진나라와 조나라의 국성國姓인 영성嬴姓의 선조이기도 하다.

③ 六年육년

[신주] 〈오태백세가〉와 〈초세가〉에서는 기록이 같지만 《좌전》에서는 정공 2년이라고 했으니 합려 7년에 해당한다.

④ 囊瓦낭와

[집해] 살펴보니 《좌전》에서 초나라 공자 정貞의 자는 자낭子囊이고 그의 손자 이름은 와瓦이며 자는 자상子常이라고 했다. 이곳에서 공자라고 말하고 또 겸해서 낭와라고 한 것은 잘못된 것이다.

案 左傳楚公子貞字子囊 其孫名瓦 字子常 此言公子 又兼稱囊瓦 誤也

[색은] 살펴보니 《좌전》에서 초나라 공자 정貞의 자는 자낭子囊이고 그의 손자 이름은 와瓦이며 자는 자상子常이라고 했다. 이곳에서 공자라고 말하고 또 겸해서 낭와라고 한 것은 아마 잘못일 것이다.

按 左氏楚公子貞字子囊 其孫名瓦 字子常 此言公子 又兼稱囊瓦 蓋誤

⑤ 豫章예장

[집해] 예장은 강남에 있다.

豫章在江南

살펴보니 두예가 말했다. "옛 예장은 강수 북쪽에 있었는데 아마 나뉘어 뒤에 강남으로 옮긴 것이다."

按 杜預云昔豫章在江北 蓋分後徙之於江南也

거소는 강북에 있으니 두예의 말이 맞을 수도 있지만 확정할 수는 없다.

9년, 오왕 합려는 오자서와 손무에게 말했다.

"처음 그대들이 영郢으로 쳐들어갈 수 없다고 말했는데 지금은 과연 어떠하오?"

오자서와 손무가 대답했다.

"초나라 장수 낭와는 탐욕스러워 당唐과 채蔡에서 모두 원망하고 있습니다. 왕께서 반드시 크게 정벌하고자 하신다면 반드시 먼저 당과 채를 얻어야 좋을 것입니다."

합려가 그들의 말을 듣고 모든 군사를 일으켜 당과 채와 함께 초나라를 정벌하자 초나라는 한수漢水를 끼고 진을 쳤다. 오왕의 아우 부개夫概[①]는 군사를 이끌고 따르기를 청했는데 왕이 들어주지 않았다. 그러나 그는 마침내 5,000여 명을 거느리고 초나라 장수 자상子常[②]을 공격했다. 자상은 패배하여 정나라로 달아났다. 이에 오나라는 승리의 기세를 타고 전진하여 다섯 번을 싸워 마침내 영郢[③]에 이르렀다. 기묘일에 초나라 소왕이 도망해 달아났다. 경진일에 오왕은 영으로 들어갔다.

九年 吳王闔廬謂子胥孫武曰 始子言郢未可入 今果何如 二子對曰 楚
將囊瓦貪 而唐蔡皆怨之 王必欲大伐之 必先得唐蔡乃可 闔廬聽之 悉
興師與唐蔡伐楚 與楚夾漢水而陳 吳王之弟夫槪^①將兵請從 王不聽 遂
以其屬五千人擊楚將子常^② 子常敗走 奔鄭 於是吳乘勝而前 五戰 遂至
郢^③ 已卯 楚昭王出奔 庚辰 吳王入郢

① 夫槪부개

[색은] 槪의 발음은 '개[古賚反]'이다.

古賚反

② 子常자상

[집해] 자상은 공손와公孫瓦이다.

子常 公孫瓦

[색은] 공손와이다.

公孫瓦也

③ 郢영

[집해] 영은 초나라 도읍지이다.

郢 楚都

[색은] 영은 초나라 도읍지이다. 郢의 발음은 '엉[以正反]' 또는 '엉[以井反]'
이다.

郢 楚都也 音以正反 又一音以井反

소왕은 탈출해 달아나서 운몽雲夢으로 들어갔는데 도둑들이 소왕을 습격하자 소왕은 운郞 땅으로 달아났다.^① 운공郞公의 아우 회懷가 말했다.

"평왕이 나의 아버지를 살해했으니 내가 그의 아들을 죽이는 것은 또한 옳지 않겠는가."

운공은 그의 아우가 왕을 죽일까 두려워서 왕과 함께 수隨나라^②로 달아났다. 오나라 군사가 수隨를 포위하자 수나라 사람들에게 말했다.

"주나라 자손들로서 한천漢川에 있는 자들을 초나라가 모두 없애지 않았는가."

수나라 사람들이 왕을 죽이려고 하자, 왕자 기綦는 왕을 숨기고 자신이 스스로 왕이 되어서 대신 죽으려고 했다. 이에 수나라 사람들이 점을 쳐보고 소왕을 오나라에 주는 것은 불길하다고 하자 이에 오나라의 청을 거절하고 소왕을 넘겨주지 않았다.

昭王出亡 入雲夢 盜擊王 王走郞^① 郞公弟懷曰 平王殺我父 我殺其子 不亦可乎 郞公恐其弟殺王 與王奔隨^② 吳兵圍隨 謂隨人曰 周之子孫在 漢川者 楚盡滅之 隨人欲殺王 王子綦匿王 已自爲王以當之 隨人卜與 王於吳 不吉 乃謝吳不與王

① 走郞주운

집해 郞의 발음은 '운云'인데 나라 이름이다.

音云 國名

색은 走郞의 발음은 '주운奏雲'이다. 주走는 향하는 것이다. 운郞은 국가 이름이다.

奏雲二音 走 向也 郾 國名

② 隨수

정의 지금 초소왕의 옛 성이 있는데 소왕이 수隨로 달아난 곳은 궁宮의 북쪽 성으로 곧 이곳이다.

今有楚昭王故城 昭王奔隨之處 宮之北城卽是

> 처음에 오원은 신포서申包胥와 교제를 했는데 오원이 도망치면서 신포서에게 말했다.
>
> "나는 반드시 초나라를 무너뜨릴 것이다."
>
> 신포서가 말했다.
>
> "나는 반드시 보존시킬 것이다."
>
> 오나라 병사가 영郢에 쳐들어가자 오자서는 소왕昭王을 찾았다. 그러나 잡지 못하자 이에 초나라 평왕의 무덤을 파서 그의 시체를 꺼내어 300대의 매를 친 연후에 그만두었다. 신포서는 산속으로 도망쳐 사람을 보내 오자서에게 말했다.
>
> "그대가 원수를 갚는 것이 너무 심하다! 내가 듣기에 사람의 수가 많으면 하늘을 이기지만 하늘이 결정하면 또한 사람을 깨뜨릴 수 있다고 한다.① 지금 그대는 옛날 평왕의 신하로 친히 북면하고 섬겼는데 지금 죽은 사람을 육시함에 이르렀으니 이 어찌 그 하늘의 도에 지극함이 없겠는가!"

오자서가 말했다.

"나를 위해 신포서에게 잘 말하라. '내 해는 저물고 길은 멀다. 나는 옛 길로 거꾸로 가서 원수에게 보복한 것이다.'②"

이에 신포서는 진秦나라로 달려가 위급함을 고하여 진나라에 구원을 요청하였으나 진나라는 들어주지 않았다. 신포서는 진나라 궁 뜰에 서서 주야로 통곡했는데 7일 밤낮으로 그의 소리가 그치지 않았다. 진나라 애공哀公이 애처롭게 여겨 말했다.

"초나라가 비록 무도했으나 이와 같은 신하가 있으니 보존될 수 없겠는가?"

이에 전차 500대를 보내 초나라를 구원하고 오나라를 치도록 했다.

始伍員與申包胥爲交 員之亡也 謂包胥曰 我必覆楚 包胥曰 我必存之 及吳兵入郢 伍子胥求昭王 旣不得 乃掘楚平王墓 出其尸 鞭之三百 然後已 申包胥亡於山中 使人謂子胥曰 子之報讎 其以甚乎 吾聞之 人衆者勝天 天定亦能破人① 今子故平王之臣 親北面而事之 今至於僇死人 此豈其無天道之極乎 伍子胥曰 爲我謝申包胥曰 吾日莫途遠 吾故倒行而逆施之② 於是申包胥走秦告急 求救於秦 秦不許 包胥立於秦廷 晝夜哭 七日七夜不絕其聲 秦哀公憐之 曰 楚雖無道 有臣若是 可無存乎 乃遣車五百乘救楚擊吳

① 人衆者勝天 天定亦能破人인중자승천 천정역능파인

[정의] 신포서가 들은 말은, 사람의 수가 많으면 비록 한때 흉포한 것이 하늘을 이기더라도 하늘이 그 흉한 것을 굴복시키는 데에 이르면 또한 강포한 사람을 깨뜨린다는 것이다.

申包胥言聞人衆者雖一時凶暴勝天 及天降其凶 亦破於彊暴之人

② 吾日莫途遠 吾故倒行而逆施之오일막도원 오고도행이역시지

[색은] 살펴보니 倒의 발음은 '조[丁老反]'이고 施의 발음은 통상 글자대로 발음한다. 자서의 말은 "뜻이 원수를 갚는 데 있지만 항상 또 죽는 것을 두려워하느라 본심대로 완수하지 못했는데 지금 다행히 보복했으니 어찌 이치를 따지랴."라는 것이다. 비유컨대 사람이 길을 가는 것과 같아서 "앞길이 아직도 멀지만 날의 형세는 이미 저물었으니 거꾸로 빨리 가야하고 거슬러 일을 베푸는 게 있어야 하는데 어찌 내가 순리에 따라야한다고 꾸짖느냐."라는 것이다.

按 倒音丁老反 施音如字 子胥言志在復讎 常恐且死 不遂本心 今幸而報 豈論理乎 譬如人行 前途尙遠 而日勢已莫 其在顛倒疾行 逆理施事 何得責吾順理乎

(합려 10년) 6월, 오나라 군사가 직곡稷[①]에서 패전했다. 때마침 오왕이 오래도록 초나라에 머물러 있으면서 소왕을 찾았는데 합려의 동생 부개가 도망쳐 오나라로 돌아가 스스로 서서 왕이 되었다. 합려는 이 소식을 듣고 이에 초나라를 풀어주고 돌아가 그의 아우 부개를 공격했다. 부개는 패하여 마침내 초나라로 달려 달아났다. 초나라 소왕은 오나라에 내란이 있는 것을 보고 다시 영으로 들어갔다. 부개를 당계堂谿[②]에 봉해서 당계씨로 삼았다. 초나라가 다시 오나라와 싸워 오나라를 무찌르자, 오왕은 이에 돌아왔다.

六月 敗吳兵於稷^① 會吳王久留楚求昭王 而闔廬弟夫槩乃亡歸 自立爲

王 闔廬聞之 乃釋楚而歸 擊其弟夫槩 夫槩敗走 遂奔楚 楚昭王見吳有

內亂 乃復入郢 封夫槩於堂谿^② 爲堂谿氏 楚復與吳戰 敗吳 吳王乃歸

① 稷직

집해 직구稷丘는 지명이고 교외에 있다.

稷丘 地名 在郊外

색은 살펴보니 《좌전》에는 '직구稷丘'로 되어 있다. 두예가 말했다. "직
구는 지명이고 교외에 있다."

按 左傳作稷丘 杜預云稷丘 地名 在郊外

② 堂谿당계

집해 서광이 말했다. "신현愼縣에 있다." 살펴보니 〈지리지〉에는 여남
군에 오방현吳房縣이 있다. 응소가 말했다. "부개는 초나라로 달아나 당
계에 봉해졌는데, 본래는 방자국房子國인데 오나라를 봉했으므로 오방
吳房이라고 했다." 그렇다면 신현에 있다고 한 것은 뜻을 얻지 못한 것
이다.

徐廣曰 在愼縣 駰案 地理志汝南有吳房縣 應劭曰夫槩奔楚 封於堂谿 本房子
國 以封吳 故曰吳房 然則不得在愼縣也

정의 살펴보니 지금 예주豫州 오방현은 주의 서북쪽 90리에 있다.

案 今豫州吳房縣在州西北九十里

비극적인 최후

2년 뒤에, 합려는 태자 부차夫差를 시켜 군사를 이끌고 초나라를 정벌하게 해 파番 땅①을 빼앗았다. 초나라는 오나라가 다시 크게 몰려 올 것을 두려워하고 영郢을 떠나 약郡②으로 옮겼다. 이즈음에 오나라는 오자서와 손무의 계책을 채용해 서쪽으로 강한 초나라를 쳐부수고 북쪽으로 제나라와 진晉나라를 위협했으며 남쪽으로 월나라 사람들을 복종시켰다.

後二歲 闔廬使太子夫差將兵伐楚 取番① 楚懼吳復大來 乃去郢 徙於郡② 當是時 吳以伍子胥孫武之謀 西破彊楚 北威齊晉 南服越人

① 番파

집해 番의 발음은 '반[普寒反]'인데 또 '파婆'로도 발음한다.

音普寒反 又音婆

색은 番의 발음은 '반[普寒反]'인데 또 '파婆'로도 발음한다. 아마 파양鄱陽일 것이다.

音普寒反 又音婆 蓋鄱陽也

신주 합려 11년이므로 이 기록보다 1년 뒤의 일이다. 〈오태백세가〉의 《색은》 주석에서 "《좌전》에 '4월 기축일, 오나라 태자 종루終纍가 초나라의 수군을 무찔렀다.'라고 했는데, 두예는 '합려의 아들이고 부차의 형이다.'라고 했다.''고 했다. 그러나 종루는 부차의 다른 이름일 수도 있으니 단정할 수 없다.

② 郡약

집해 초나라 땅이다. 郡의 발음은 '약鄀'이다.

楚地 音若

색은 郡의 발음은 '약鄀'이다. 약은 초나라 땅인데 지금 지명이 빠졌다.

音若 郡 楚地 今闕

> 그 4년 뒤, 공자께서 노나라를 도왔다. 5년 뒤 월나라를 정벌했다. 월왕 구천이 맞아 싸워 오나라를 고소姑蘇[①]에서 무찌르고 합려의 발가락을 손상시키자 오나라 군대가 물러났다. 합려는 상처[②]로 인하여 병이 나서 장차 죽음에 이르러 태자 부차에게 말했다.
> "너는 구천이 네 아버지를 죽인 것을 잊겠느냐?"
> 부차가 대답했다.
> "감히 잊지 않을 것입니다."
> 이날 저녁에 합려가 죽었다.[③] 부차가 즉위해서 왕이 되고 백비를 태재太宰로 삼아 전쟁준비와 활 쏘는 것을 연습시키게 했다.
> 2년 뒤 월나라를 정벌해 월나라를 부초夫湫에서 무찔렀다.[④] 월왕 구천이 남은 병력 5,000명으로 회계산 위[⑤]에 거처하며 대부 종種[⑥]을

시켜 풍부한 폐백을 오나라 태재 백비에게 보내 화평을 청하여 나라를 맡기고 신첩이 되기를 구했다. 오왕이 장차 허락하려고 했다. 오자서가 간했다.

"월왕은 사람됨이 괴로움을 잘 견딥니다. 지금 왕께서 멸하지 않는다면 뒤에 반드시 후회하게 될 것입니다."

오왕은 듣지 않고 태재 백비의 계책을 채용해 월나라와 화평했다.

其後四年 孔子相魯 後五年 伐越 越王句踐迎擊 敗吳於姑蘇^① 傷闔廬指 軍卻 闔廬病創^②將死 謂太子夫差曰 爾忘句踐殺爾父乎 夫差對曰 不敢忘 是夕 闔廬死^③ 夫差旣立爲王 以伯嚭爲太宰 習戰射 二年後伐越 敗越於夫湫^④ 越王句踐乃以餘兵五千人棲於會稽之上^⑤ 使大夫種^⑥ 厚幣遺吳太宰嚭以請和 求委國爲臣妾 吳王將許之 伍子胥諫曰 越王爲人能辛苦 今王不滅 後必悔之 吳王不聽 用太宰嚭計 與越平

① 姑蘇고소

정의 고소는 '취리檇李'가 되어야 마땅한데 이는 글자가 잘못된 것이다. 《좌전》에서 "취리에서 싸워 발가락을 다쳐 형陘에서 졸하다."라고 한 것이 이것이다. 해설은 〈오태백세가〉에 있다.

姑蘇當作檇李 乃文誤也 左傳云戰檇李 傷將指 卒於陘是也 解在吳世家

② 創창

집해 創의 발음은 '챵[楚良反]'이다.

楚良反

색은 創의 발음은 '창瘡'이다.

音瘡

신주 상처를 뜻한다.

③ 是夕 闔廬死시석 합려사

신주 합려가 죽은 것은 합려 19년이다. 따라서 앞서 '5년 뒤에 월나라를 정벌'이라 한 것은 '4년 뒤'라고 해야 한다.

④ 敗越於夫湫패월어부초

집해 湫의 발음은 '초湫'이다.

音椒

색은 湫의 발음은 '초椒'이다. 또 통상의 글자대로 발음한다.

音椒 又如字

정의 태호 안의 초산椒山이다. 해설은 〈오태백세가〉에 있다.

太湖中椒山也 解在吳世家

⑤ 會稽之上회계지상

정의 지역 이름이고 월주越州 회계현 동남쪽 12리에 있다.

土地名 在越州會稽縣東南十二里

⑥ 大夫種대부종

색은 유씨가 "대부는 성이고 종種은 이름이다."라고 했는데 틀렸다. 살펴보니 지금 오吳의 남쪽에 문종文種의 둑이 있으니 종種의 성은 문文이고 대부는 관직이다.

劉氏云大夫姓 種名 非也 按 今吳南有文種埭 則種姓文 爲大夫官也

고유가 말했다. "대부 종의 성은 문씨이고 자는 자금子禽이며 초나라 영鄭 땅 사람이다."

高誘云 大夫種 姓文氏 字子禽 楚之鄭人

그 5년 뒤 오왕은 제나라 경공景公이 죽고[1] 대신들이 총애를 다투는데 새로운 군주는 허약하다는 소문을 듣고, 이에 군사를 일으켜 북쪽 제나라를 정벌하려 했다. 오자서가 간했다.

"구천은 음식을 먹는데 두 가지 이상의 반찬을 먹지 않고 죽은 자를 조문하고 질환이 있는 자를 위문하는데 장차 그들을 쓸모 있게 하고자 하는 것입니다. 이 사람이 죽지 않으면 반드시 오나라의 근심거리가 될 것입니다. 지금 오나라에 월나라가 있는 것은 사람 배 속에 질병이 있는 것과 같습니다. 왕께서 월나라를 먼저 취하지 않고 제나라 정벌에 힘쓰신다면 또한 그른 것이 아니겠습니까?"

오왕은 듣지 않고 제나라를 정벌하여 제나라 군사를 애릉艾陵[2]에서 크게 무너뜨렸으며 마침내 추鄒와 노나라[3] 군주들에게 위엄을 보이고 돌아왔다. 더욱 오자서의 계책을 멀리했다.

其後五年 而吳王聞齊景公死[1]而大臣爭寵 新君弱 乃興師北伐齊 伍子胥諫曰 句踐食不重味 弔死問疾 且欲有所用之也 此人不死 必爲吳患 今吳之有越 猶人之有腹心疾也 而王不先越而乃務齊 不亦謬乎 吳王不聽 伐齊 大敗齊師於艾陵[2]遂威鄒魯[3]之君以歸 益疏子胥之謀

---

① 其後五年 而吳王聞齊景公死기후오년 이오왕문제경공사

신주 이때 죽은 제나라 군주는 유자孺子인데 실제 정벌하지도 않았다. 이 기록은 〈오태백세가〉와 더불어 부차 11년과 12년에 걸쳐 제나라를 정벌하고 애릉에서 대승한 기록일 뿐이다.

② 艾陵애릉

정의 《괄지지》에서 말한다. "애산은 연주兗州 박성현 남쪽 160리에 있는데 본래 제나라 박읍博邑이다."

括地志云 艾山在兗州博城縣南百六十里 本齊博邑

신주 애릉에서 대승한 전투는 부차 12년에 있었다.

③ 鄒魯추노

정의 추나라 군주의 거처는 연주 추현이다. 노魯는 곡부현이다.

鄒君居兗州鄒縣 魯 曲阜縣

그 4년 뒤① 오왕이 장차 북쪽 제나라를 정벌하려는데 월왕 구천은 자공子貢②의 계책을 사용해 이에 그의 군사를 인솔하여 오나라를 돕게 하면서 많은 보배를 태재 백비에게 바쳤다. 태재 백비는 이미 자주 월나라 뇌물을 받은 터라 월나라를 매우 믿고 아꼈으며 낮밤으로 오왕에게 말했다. 오왕은 백비의 계책을 믿고 사용했다. 오자서가 간했다.

"대저 월나라는 배 속의 병입니다. 지금 그의 띄우는 말과 거짓 속임수를 믿고 제나라를 탐내고 있습니다. 제나라를 쳐부수는 것은 비유하면 돌밭과 같아서 쓸모가 없습니다. 또 《상서》〈반경〉의 고誥에 이르기를 '예법을 거스르고 공경하지 않은 자는 가볍게는 코를 베고 무겁게는 목을 베어 도읍에서 씨를 옮기지 못하게 하라.'고 했습니다.③ 이것이 상商나라가 흥성한 까닭입니다. 원컨대 왕께서는 제나라를 버리고 월나라를 먼저 취하십시오. 만약 그렇지 않으면 뒤에 후회해도 다시 어찌할 수가 없습니다."

오왕은 듣지 않고 자서를 제나라에 사신으로 가게 했다. 오자서는 사신의 길을 가는 데 임해서 그의 아들에게 말했다.

"내가 수차례 왕에게 간했지만 왕이 쓰지 않았으니 나는 지금 오나라가 망하는 것을 볼 것이다. 너까지 오나라와 함께 망하는 것은 무익한 일이다."

이에 그의 아들을 제나라 포목鮑牧④에게 부탁하고 돌아와 오나라에 보고했다.

其後四年① 吳王將北伐齊 越王句踐用子貢②之謀 乃率其衆以助吳 而重寶以獻遺太宰嚭 太宰嚭既數受越賂 其愛信越殊甚 日夜爲言於吳王 吳王信用嚭之計 伍子胥諫曰 夫越 腹心之病 今信其浮辭詐偽而貪齊 破齊 譬猶石田 無所用之 且盤庚之誥曰 有顚越不恭 劓殄滅之 俾無遺育 無使易種于茲邑③ 此商之所以興 願王釋齊而先越 若不然 後將悔之無及 而吳王不聽 使子胥於齊 子胥臨行 謂其子曰 吾數諫王 王不用 吾今見吳之亡矣 汝與吳俱亡 無益也 乃屬其子於齊鮑牧④ 而還報吳

① 其後四年기후사년

신주 이때 제나라 도공悼公이 시해 당하자 부차는 그 기회를 노려 바닷길을 따라 제나라를 쳤지만 별 소득이 없었고 다시 노나라와 더불어 제나라를 쳐서 다음 해 애릉에서 제나라를 대파했다. 그러나 오나라의 주적은 월나라였지 제나라가 아니었다.

② 子貢자공

신주 단목사端木賜를 말하고 자는 자공이며, 공자의 제자이다. 자공은 안회, 자로와 더불어 3대 제자로 꼽힌다. 자공은 공자의 마지막을 지킨 인물이다. 〈오태백세가〉에는 구천이 부차에게 풍부한 선물을 보냈다고 말했다. 월왕 구천이 채용한 자공의 계책은 〈중니제자열전〉에 기록되어 있다.

③ 盤庚之誥~無使易種於玆邑반경지고~무사역종어자읍

신주 《상서商書》〈반경〉에 있는 문장인데 축약한 것이다. 문장은 《상서》와 비교하여 약간씩 차이나지만 의미는 같다. 《상서》를 참조해 번역하였는데 〈오태백세가〉에 비해서는 자세하다.

④ 鮑牧포목

신주 제나라 대부이다. 그러나 이때 포목은 이미 도공에게 살해당한 뒤여서, 포목 대신에 그냥 '포씨'라고 해야 한다.

오나라 태재 백비는 이미 오자서와 사이가 나빴는데 이로 인해 참소했다.

"자서는 사람됨이 굳세고 사나우며 은혜는 적고 시기하고 해치니 그의 원망이 깊은 재앙이 될까 두렵습니다. 지난날 왕께서 제나라를 정벌하려고 할 때 오자서는 불가하다고 주장했는데 왕께서는 마침내 정벌하여 큰 공로가 있었습니다. 오자서는 그의 계책이 쓰이지 않은 것을 부끄럽게 여기고, 이에 도리어 원망하고 있습니다. 지금 왕께서 또다시 제나라를 정벌하려 하시는데 자서는 방자하고 고집스러우며[①] 강하게 간하면서 권력을 휘둘러 저지시키고[②] 헐뜯고 있습니다. 그저 오나라가 패하면 저절로 자신의 계책이 나은 것이 되니 다행이라 할 뿐입니다.

지금 왕께서 직접 가서서 나라 안의 모든 무력으로써 제나라를 정벌하시려고 하십니다. 그러나 자서는 쓸데없다면서 간하고 이로 인해 그만두고 물러나 거짓으로 병든 체하여 가지 않을 것입니다. 왕께서는 대비하지 않을 수 없으시며 여기에서 재앙이 일어나는 것은 어렵지 않을 것입니다. 또 제가 사람을 시켜서 몰래 엿보았는데, 그가 제나라에 사신으로 갔을 때 그의 아들을 제나라 포씨에게 부탁했다고 합니다. 무릇 신하가 되어 안으로 뜻을 얻지 못했다고 밖으로 (다른) 제후에 의지하며 자신이 선왕의 모신謀臣이었으면서도 지금 쓰임을 받지 못한다고 항상 불평하며[③] 원망하고 있습니다. 원컨대 왕께서는 일찍 도모하십시오."

오왕이 말했다.

"그대의 말이 아니더라도 나도 의심하고 있었다."

이에 사신을 시켜 오자서에게 촉루검屬鏤劍[④]을 하사하고 말했다.

"그대는 이 칼로써 죽을지어다."

吳太宰嚭旣與子胥有隙 因讒曰 子胥爲人剛暴 少恩 猜賊 其怨望恐爲
深禍也 前日王欲伐齊 子胥以爲不可 王卒伐之而有大功 子胥恥其計
謀不用 乃反怨望 而今王又復伐齊 子胥專愎①彊諫 沮②毀用事 徒幸吳
之敗以自勝其計謀耳 今王自行 悉國中武力以伐齊 而子胥諫不用 因
輟謝 詳病不行 王不可不備 此起禍不難 且嚭使人微伺之 其使於齊也
乃屬其子於齊之鮑氏 夫爲人臣 內不得意 外倚諸侯 自以爲先王之謀
臣 今不見用 常鞅鞅③怨望 願王早圖之 吳王曰 微子之言 吾亦疑之 乃
使使賜伍子胥屬鏤之劍④ 曰 子以此死

① 專愎전퍅

색은 愎의 발음은 '픽[皮逼反]'이다.

皮逼反

신주 방자하고 고집이 세다는 뜻이다.

② 沮저

집해 沮의 발음은 '져[自呂反]'이다.

自呂反

③ 鞅鞅앙앙

신주 불평을 품은 모양을 말한다.

④ 屬鏤之劍촉루지검

집해 鏤의 발음은 '루[錄于反]'이다.

錄于反

신주 촉루검은 간장검, 막야검 등과 함께 오나라 명검名劍이다.

오자서는 하늘을 우러러 탄식하며 말했다.

"아아! 참소하는 신하 백비가 어지러움을 만드는구나! 왕이 도리어 나를 죽이려 한다. 나는 그대의 아버지를 패자霸者로 만들었다. 그대가 태자로 세워지지 않고 여러 공자와 다툴 때부터, 나는 선왕에게 죽음으로써 간쟁했지만 거의① 세워지지 못할 뻔했다. 그대는 즉위하고 나서 오나라를 나누어 나에게 주려고 했지만 나는 되돌아보고 감히 바라지 않았다. 그러나 그대는 지금 아첨하는 신하의 말을 듣고 장자長者를 죽이려는 것이냐?②"

이에 그의 사인舍人에게 고했다.

"반드시 나의 묘지 위에 가래나무를 심어서 관③을 만들 수 있게 하라. 나의 눈알은 뽑아서④ 오나라 동문東門⑤ 위에 걸어 놓아 월나라 도적들이 쳐들어와 오나라를 멸하는 것을 보게 하라."

이에 스스로 목을 찔러 죽었다. 오왕이 듣고 크게 노하고 이에 오자서의 시체를 가죽포대에 담아⑥ 강수江水에 떠내려 보냈다.⑦ 오나라 사람들이 애처롭게 여겨 강수 부근에 사당을 세우고⑧ 이로인해 이름을 서산胥山⑨이라고 했다.

伍子胥仰天歎曰 嗟乎 讒臣嚭爲亂矣 王乃反誅我 我令若父霸 自若未立時 諸公子爭立 我以死爭之於先王 幾①不得立 若旣得立 欲分吳國予我 我顧不敢望也 然今若聽諛臣言以殺長者② 乃告其舍人曰 必樹吾墓

上以梓 令可以爲器③ 而抉吾眼④縣吳東門⑤之上 以觀越寇之入滅吳也
乃自剄死 吳王聞之大怒 乃取子胥尸盛以鴟夷革⑥ 浮之江中⑦ 吳人憐
之 爲立祠於江上⑧ 因命曰胥山⑨

① 幾기

정의 幾의 발음은 '기祈'이다.

幾音祈

② 嗟乎~以殺長者차호~이살장자

신주 열전과 세가에서 참조한 사료와 그 성격에 따라 글이 조금씩 다
르다. 〈월왕구천세가〉에서 오자서의 말은 다음과 같다. "나는 그대의 아
버지를 패자霸者로 만들었다. 내가 또 그대를 세웠는데 그대는 처음에 오
나라 절반을 나누어 나에게 주고자 했다. 그때 나는 받지 않고 그만두었
는데 이제 그대는 도리어 헐뜯는 것을 듣고 나를 처단하려고 한다. 아아,
아아! 한 사람이 진실로 홀로 서지 못하겠구나!"

③ 器기

정의 기器는 관棺이며 오나라가 반드시 망한다는 것을 이른다. 《좌전》
에서 말한다. "나의 무덤에 가檟나무를 심어라. 가나무는 관을 만드는
재목으로 좋다. 오나라는 망할 것이다."

器謂棺也 以吳必亡也 左傳云 樹吾墓檟 檟可材也 吳其亡乎

신주 나중에 오나라가 망하면 부차의 관으로 쓰라는 뜻이다. 〈월왕구천
세가〉에서 이 말은 사인이 아닌 오왕 부차의 사자에게 한 말이라고 한다.

④ 抉결

색은 抉의 발음은 '열[烏穴反]'이다. 결抉은 또한 결決이다.

烏穴反 抉亦決也

신주 抉은 후벼내다, 파내다란 뜻이다. 《사기지의》에 따르면 눈을 파내라는 말은 오자서의 말이 아니라 부차의 명령이라고 한다. 그 자세한 논증은 〈오태백세가〉 주석에 있다.

⑤ 東門동문

정의 동문은 보문鱛門인데 부문鮬門이라고 이른다. 지금은 봉문葑門이라고 부른다. 鱛의 발음은 '보[普姑反]'이고 鮬의 발음은 '부[覆浮反]'이다. 월나라 군사가 시포示浦를 열자 자서가 물결을 일으켜 성을 쓰러뜨리고 이 문이 열리자 돌고래들이 물결을 따라 들어온 적이 있었다. 그러므로 문의 이름으로 삼은 것이다. 고야왕이 이르기를 "보어鱛魚는 일명 강돈江豚(장강 상괭이)이라고 하는데 바람이 일면 용솟음치고자 한다."고 했다.

東門 鱛門 謂鮬門也 今名葑門 鱛音普姑反 鮬音覆浮反 越軍開示浦 子胥濤盪羅城 開此門 有鱛鮬隨濤入 故以名門 顧野王云鱛魚一名江豚 欲風則涌也

신주 상괭이는 돌고래 종류로 '쇠돌고래'라고도 한다. 장강 돌고래, 장강 철갑상어와 함께 교룡蛟龍 괴물로 묘사되어 문헌에 가끔 등장하기도 한다. 위에 정의 주석과 비슷하게 《오속전》을 인용한 《정의》 주석이 〈오태백세가〉에 달려 있다.

⑥ 盛以鴟夷革성이치이혁

집해 응소가 말했다. "말가죽을 취해 치이鴟夷(술을 담는 부대)를 만든다. 치이는 술통의 형태로 만든 것이다."

應劭曰 取馬革爲鴟夷 鴟夷 榼形

정의 盛의 발음은 '성成'이다. 榼의 발음은 '갈[古曷反]'이다.

盛音成 榼古曷反

⑦ *浮之江中*부지강중

집해 서광이 말했다. "노애공 11년이다."

徐廣曰 魯哀公十一年

정의 살펴보니 〈십이제후연표〉에는 오왕 부차 11년이라고 했다.

案 年表云吳王夫差十一年也

신주 오자서가 죽은 것은 부차 12년이므로 이때는 노애공 11년이다.
따라서 집해 주석에서 서광의 말이 타당성이 높다.

⑧ *立祠於江上*입사어강상

정의 《오지기》에서 말한다. "월나라 군사는 소주蘇州 동남쪽 30리의
삼강구三江口에서 또 아래로 3리를 향해 강수의 북쪽 기슭에 다다라 단
壇을 세우고 백마를 죽여서 자서에게 제사지내고 술잔을 돌려 술이 다하
자 뒤에 그로 인해 여기 강수 부근에 사당을 세웠다. 지금 그 옆에 나루
가 있는데 이름을 상단포上壇蒲라고 한다. 진晉나라 회계태수 미표虁豹가
사당을 오吳의 성곽 동문 안의 길 남쪽으로 옮겼는데 지금 사당이 남아
있는 것을 보았다."

吳地記曰 越軍於蘇州東南三十里三江口 又向下三里 臨江北岸立壇 殺白馬祭
子胥 杯動酒盡 後因立廟於此江上 今其側有浦名上壇浦 至晉會稽太守虁豹 移
廟吳郭東門內道南 今廟見在

⑨ 胥山서산

집해 장안이 말했다. "서산은 태호 가에 있고 강수와의 거리는 100리
보다 멀지 않았다. 그러므로 강상江上이라고 이른다."

張晏曰 胥山在太湖邊 去江不遠百里 故云江上

정의 《오지기》에서 말한다. "서산은 태호 가의 서호胥湖 동쪽 안산岸山
으로 서쪽은 서호에 닿으며 산에는 옛날 승丞과 서胥 두 왕의 묘廟가 있
다." 살펴보니 그의 묘廟는 자서의 일에 간섭되지 않았으니 태사공이 잘
못한 것이고 장안의 주석도 어긋난 것이다.

吳地記云 胥山 太湖邊胥湖東岸山 西臨胥湖 山有古丞胥二王廟 按 其廟不干
子胥事 太史誤矣 張注又非

비극으로 끝마친 백공 승

오왕은 오자서를 처단하고 나서 마침내 제나라를 정벌했다. 제나라 포씨는 그 군주 도공悼公을 살해하고 양생陽生을 세웠다.[1] 오왕은 그 역적들을 토벌하고자 했으나 승리하지 못하고 떠났다.[2]

그 2년 뒤, 오왕은 노나라와 위衞나라 군주를 불러 탁고橐皐에서 회맹했다.[3] 그 다음 해에 계속 북쪽 황지黃池[4]에서 제후들을 크게 회합시키고 주나라 왕실의 명령이라고 했다. 월왕 구천이 습격하여 오나라 태자를 죽이고[5] 오나라 군사를 쳐부수었다. 오왕이 듣고 이에 돌아와 사신을 보내서 풍부한 폐백으로 월나라와 화평했다.

그 9년 뒤 월왕 구천은 마침내 오나라를 멸하고 왕 부차를 죽였다. 태재 백비도 죽였는데 그가 군주에게 불충했고 밖으로는 무거운 뇌물을 받고 자기와도 두루 엮여져 있었기 때문이다.[6]

吳王旣誅伍子胥 遂伐齊 齊鮑氏殺其君悼公而立陽生[1] 吳王欲討其賊 不勝而去[2] 其後二年 吳王召魯衞之君會之橐皐[3] 其明年 因北大會諸侯於黃池[4] 以令周室 越王句踐襲殺吳太子[5] 破吳兵 吳王聞之 乃歸 使使厚幣與越平 後九年 越王句踐遂滅吳 殺王夫差 而誅太宰嚭 以不忠於其君 而外受重賂 與已比周也[6]

① 殺其君悼公而立陽生살기군도공이립양생

신주 이 기록은 오자서의 죽음 앞에 나와야 정상이다. 또 도공의 이름은 양생이며 후임 간공簡公의 이름은 임壬이다.

② 吳王欲討其賊 不勝而去오왕욕토기적 불승이거

신주 부차가 바닷길을 따라 정벌했다가 별 소득 없이 돌아온 것이다.

③ 會之橐皋회지탁고

색은 橐皋의 발음은 '탁고拓皋'이다. 두예가 말했다. "지명이고 회남군 준주현逡遒縣 동남쪽에 있다."

音拓皋二音 杜預云 地名 在淮南逡遒縣東南

정의 탁고의 옛 현은 여주廬州 소현 서북쪽 56리에 있다.

橐皋故縣在廬州巢縣西北五十六里

신주 탁고의 회맹은 부차 13년에 있었다.

④ 黃池황지

정의 변주汴州 봉구현 남쪽 7리에 있다.

在汴州封丘縣南七里

⑤ 殺吳太子살오태자

색은 《좌전》에서 태자의 이름을 우友라고 한다.

左傳太子名友

⑥ 與已比周也여기비주야

오자서가 처음에 함께 도망친 옛 초나라 태자 건의 아들 승勝은 오나라에 있었다. 오왕 부차 시대에 초나라 혜왕惠王은 승을 불러 초나라로 돌아오게 하려고 했다. 이때 섭공葉公①이 간했다.

"승이 용맹을 좋아하여 몰래 죽기를 각오한 군사들을 구하고 있으니 반드시 사사로운 욕심이 있는 것입니다!"

혜왕은 듣지 않았다. 마침내 승을 불러 초나라 변방 읍인 언鄢 땅②에 살게 하고 백공白公③이라고 불렀다. 백공이 초나라로 돌아간 지 3년 만에 오나라는 자서를 죽였다.

伍子胥初所與俱亡故楚太子建之子勝者 在於吳 吳王夫差之時 楚惠王欲召勝歸楚 葉公①諫曰 勝好勇而陰求死士 殆有私乎 惠王不聽 遂召勝使居楚之邊邑鄢② 號爲白公③ 白公歸楚三年而吳誅子胥

① 葉公섭공

정의 葉의 발음은 '섭[式涉反]'이다. 두예가 말했다. "자고子高이고 심제량沈諸梁이다."

上式涉反 杜預云 子高 沈諸梁

② 鄢언

집해 서광이 말했다. "영천군 언릉鄢陵이 이곳이다."

徐廣曰 潁川鄢陵是

정의 鄢의 발음은 '언偃'이다. 《괄지지》에서 말한다. "옛 언성은 예주 언성현 남쪽 5리에 있으며 포신현 백정白亭과 서로 가깝다."

鄢音偃 括地志云 故鄢城在豫州鄢城縣南五里 與襃信白亭相近

③ 白公백공

집해 서광이 말했다. "여남군 포신현에 백정白亭이 있다."

徐廣曰 汝南襃信縣有白亭

정의 《괄지지》에서 말한다. "백정은 예주豫州 포신현 남쪽 42리에 있는데 또 백공의 옛 성이 있다. 또 허주許州 부구현 북쪽 45리의 북쪽에 또 백정이 있다."

括地志云 白亭在豫州襃信縣南四十二里 又有白公故城 又許州扶溝縣北四十五里北又有白亭也

백공 승은 초나라로 돌아간 뒤 정나라에서 그의 아버지를 살해한 것을 원망하고 몰래 죽기를 각오한 군사들을 길러서 정나라에 보복하고 싶어 했다.

초나라로 돌아간 지 5년 정나라를 정벌할 것을 청하자 초나라 영윤 자서子西가 허락했다. 초나라에서 군사를 발동하지 않았는데 진晉나라가 정나라를 정벌하자[1] 정나라는 초나라에 구원을 요청했다. 초나라는 자서子西를 시켜서 가서 구원하도록 했고 함께 맹세하고 돌아왔다. 백공 승이 노하여 말했다.

"정나라가 원수가 아니라 자서가 원수이다."

승이 손수 칼을 갈자 사람들이 물었다.[2]

"어찌하려고 하십니까?"

승이 말했다.

"자서를 죽이고자 하는 것이오."

자서가 듣고 웃으면서 말했다.

"승은 알[卵]과 같을 뿐이다. 무엇을 할 수 있겠는가."

白公勝旣歸楚 怨鄭之殺其父 乃陰養死士求報鄭 歸楚五年 請伐鄭 楚

令尹子西許之 兵未發而晉伐鄭[1] 鄭請救於楚 楚使子西往救 與盟而還

白公勝怒曰 非鄭之仇 乃子西也 勝自礪劍 人問曰[2] 何以爲 勝曰 欲以

殺子西 子西聞之 笑曰 勝如卵耳 何能爲也

① 晉伐鄭진벌정

신주 이 기사는 〈연표〉 및 〈진세가〉와 〈정세가〉에는 나오지 않고 《춘추》
애공 15년 겨울에 기록이 있다. 애공 15년은 초혜왕 9년에 해당하는데,
〈초세가〉에는 8년이라 했으니 잘못되었다. 초나라가 구원한 것은 10년 초
일 것이다.

② 人間曰인문왈

색은 《좌전》에서 말한다. "자기子期의 아들 평平이 그것을 보고 말하
기를 '왕손께서는 어찌 손수 칼을 갈고 계십니까.'라고 하였다."
左傳作子期之子平見曰王孫何自礪也

그 4년 뒤,① 백공 승은 석걸石乞과 함께 초나라 영윤 자서와 사마 자기子綦②를 조정에서 습격하여 살해했다. 석걸이 말했다.

"왕을 죽이지 않으면 안 됩니다."

이에 왕을 겁박하려고 고부高府③로 갔다. 석걸의 종자 굴고屈固④는 초혜왕을 업고 소부인昭夫人의 궁으로 도망쳤다.⑤ 섭공은 백공이 난을 일으켰다는 소식을 듣고 그 나라 사람들을 인솔하고 백공을 공격했다. 백공은 무리가 무너지자 산속으로 도망쳐 자살했다.⑥ 석걸을 사로잡아 백공 승의 시체가 있는 곳을 물었는데 말하지 않자 장차 삶아 죽이겠다고 했다. 석걸이 말했다.

"일이 성공하면 경卿이 되고 성공하지 못하면 삶겨 죽는 것이 진실로 그 직분이다."

끝까지 시체가 있는 곳을 알려주지 않았다. 마침내 석걸을 삶아 죽이고 혜왕을 찾아 다시 세웠다.

其後四歲① 白公勝與石乞襲殺楚令尹子西司馬子綦②於朝 石乞曰 不殺王 不可 乃劫(之)王如高府③ 石乞從者屈固④負楚惠王亡走昭夫人之宮⑤ 葉公聞白公爲亂 率其國人攻白公 白公之徒敗 亡走山中 自殺⑥ 而虜石乞 而問白公尸處 不言將亨 石乞曰 事成爲卿 不成而亨 固其職也 終不肯告其尸處 遂亨石乞 而求惠王復立之

① 其後四歲기후사세

신주 앞서 혜왕 6년에 정나라를 칠 병력을 요구한 것을 기준으로 한 기록이므로, 혜왕 10년에 해당한다.

② 子綦자기

색은 《좌전》에는 '자기子期'로 되어 있다.

左傳作子期也

③ 高府고부

색은 두예가 말했다. "초나라 별부別府이다."

杜預云 楚之別府也

④ 石乞從者屈固석걸종자굴고

집해 서광이 말했다. "다른 판본에는 '혜왕 종자 굴고'로 되어 있다. 〈초세가〉에는 또한 '왕의 종자'로 되어 있다."

徐廣曰 一作惠王從者屈固 楚世家亦云王從者

색은 살펴보니 서광이 말했다. 다른 판본에는 "혜왕 종자 굴고"로 되어 있다고 했는데 아마 이 판본이 뜻을 얻었다고 하겠다. 《좌전》에서 "석걸이 궁문을 장악하자 시종 공양公陽은 궁의 구멍으로 들어가 왕을 업고 소부인의 궁으로 갔다."라고 이른즉 공양은 곧 초나라 대부이고 왕의 시종이다.

按 徐廣曰一作惠王從者屈固 蓋此本爲得 而左傳云石乞尹門 圍公陽穴宮 負王 以如昭夫人之宮 則公陽是楚之大夫 王之從者也

⑤ 走昭夫人之宮주소부인지궁

색은 소왕昭王 부인이며 곧 혜왕의 어머니이고 월나라 여인이다.

昭王夫人卽惠王母 越女也

⑥ 自殺자살

정의 《좌전》에서 백공은 달아나서 목을 매어 죽었다고 했다.

左傳云白公奔而縊

태사공은 말한다.

원망이 사람에게 끼치는 해독이 매우 심하구나! 왕이 된 자도 오히려 신하에게 함부로 행하지 않는 것인데 하물며 같은 지위에 있는 자임에랴! 만약 오자서가 오사를 따라 함께 죽었다면 땅강아지나 개미와 무엇이 다르겠는가. 작은 의리를 버리고 큰 수치를 씻어서 이름을 후세에 드리웠지만 슬프다! 바야흐로 오자서는 강수 주변에서 군색하게 살고① 길에서 걸식했지만 의지는 어찌 일찍이 잠시나마 영郢을 잊었겠는가.② 그러므로 숨고 참아서 공명을 성취했는데 매서운 장부가 아니라면 누가 능히 여기에 이를 수 있겠는가. 백공이 만일 스스로 서서 군주가 되지 않았다면 그의 공로와 계책도 다 말하여 셀 수가 없다고 할 것이다.

太史公曰 怨毒之於人甚矣哉 王者尙不能行之於臣下 況同列乎 向令伍子胥從奢俱死 何異螻蟻 棄小義 雪大恥 名垂於後世 悲夫 方子胥窘①於江上 道乞食 志豈嘗須臾忘郢邪② 故隱忍就功名 非烈丈夫孰能致此哉 白公如不自立爲君者 其功謀亦不可勝道者哉

---

① 窘군

색은 窘의 발음은 '군[求殞反]'이다.

窘音求殞反

② 忘郢邪망영사

신주 초나라 수도 영을 그리워 못 잊는다는 뜻이 아니라 복수할 의지
를 잊지 않았다는 뜻이다.

색은술찬 사마정이 펼쳐서 밝히다.

참소하는 사람은 끝이 없으니 네 국가를 교란시키고 어지럽혔다. 아아,
저 오씨는 더욱 흉특한 일을 당했구나! 오원伍員은 치욕을 혼자 참고 굳
센 의지로 원통하게 당한 해독을 복수했다. 오나라 군사를 일으켜 패업
을 이루고 초나라를 정벌하여 물리쳐 쫓아냈다. 시체에 매질하여 치욕
을 씻었으나 눈을 파내어 덕을 버렸구나!

讒人罔極 交亂四國 嗟彼伍氏 被茲凶慝 員獨忍訽 志復冤毒 霸吳起師 伐楚逐
北 鞭尸雪恥 抉眼棄德

[지도 2] 오자서열전

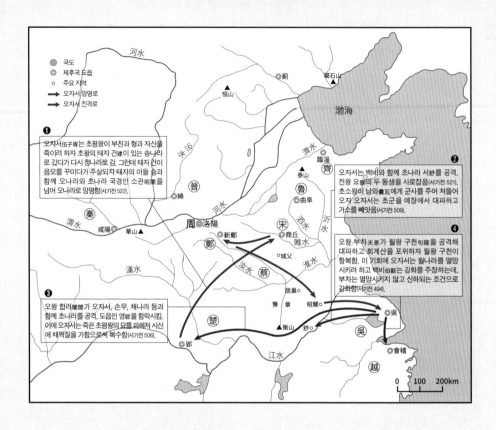

❶ 오자서伍子胥는 초평왕이 부친과 형과 자신을 죽이려 하자 초왕의 태자 건建이 있는 송나라로 갔다가 다시 정나라로 감. 그런데 태자 건이 음모를 꾸미다가 주살되자 태자의 아들 승과 함께 오나라와 초나라 국경인 소관昭關을 넘어 오나라로 망명함(서기전 522).

❷ 오자서는 백비와 함께 초나라 서舒를 공격, 전왕 요僚의 두 동생을 사로잡음(서기전 521). 초소왕이 낭와囊瓦에게 군사를 주어 쳐들어 오자 오자서는 초군을 예장에서 대파하고 거소를 빼앗음(서기전 509).

❸ 오왕 합려闔閭가 오자서, 손무, 채나라 등과 함께 초나라를 공격, 도읍인 영郢을 함락시킴. 이에 오자서는 죽은 초평왕의 묘를 파헤쳐 사신에 채찍질을 기함으로써 복수함(서기전 506).

❹ 오왕 부차夫差가 월왕 구천句踐을 공격해 대파하고 회계산을 포위하자 월왕 구천이 항복함. 이 기회에 오자서는 월나라를 멸망시키려 하고 백비伯嚭는 강화를 주장하는데, 부차는 멸망시키지 않고 신하되는 조건으로 강화함(서기전 494).

범례:
◎ 국도
◎ 제후국 도읍
○ 주요 지역
→ 오자서 망명로
➡ 오자서 진격로

0   100   200km

《신주 사마천 사기》 〈열전〉을 만든 사람들

한가람역사문화연구소 사기연구실

이덕일(한가람역사문화연구소 소장, 문학박사)

김명옥(문학박사)

송기섭(문학박사)

이시율(고대사 및 역사고전 연구가)

정 암(지리학박사)

최원태(고대사 연구가)

한가람역사문화연구소는 1998년 창립된 이래 한국 사학계에 만연한 중화사대주의 사관과 일제식민 사관을 극복하고 한국의 주체적인 역사관을 세우려 노력하고 있는 학술연구소이다. 독립운동가들의 역사관 계승 작업을 꾸준히 진행하는 한편 《사기》 본문 및 '삼가주석'에 한국 고대사의 진실을 말해주는 수많은 기술이 있음을 알고 연구에 몰두했다. 지난 10여 년간 '《사기》 원전 및 삼가주석 강독(강사 이덕일)'을 진행하는 한편 사기연구실 소속 학자들과 《사기》에 담긴 한중고대사의 진실을 찾기 위한 연구 및 답사도 계속했다. 《신주 사마천 사기》는 원전 강독을 기초로 여러 연구자들이 그간 토론하고 연구한 결과의 집대성이라고 할 수 있다. 한가람역사문화연구소는 《신주 사마천 사기》 출간을 시작으로 역사를 바로세우기 위해 토대가 되는 문헌사료의 번역 및 주석 추가 작업을 꾸준히 이어갈 계획이다.

한문 번역 교정

유정님 박상희 김효동 곽성용 김영주 양훈식 박종민

《사기》를 지은 사람들

본문_ 사마천

사마천은 자가 자장子長으로 하양(지금 섬서성 한성시) 출신이다. 한 무제 때 태사공을 역임하다가 이릉 사건에 연루되어 궁형을 당했다. 기전체 사서이자 중국 25시의 첫머리인 《사기》를 집필해 역사서 저술의 신기원을 이룩했다. 후세 사람들이 태사공 또는 사천이라고 높여 불렀다. 《사기》는 한족의 시각으로 바라본 최초의 중국 민족사라고 할 수 있는데 여기서 사마천은 동이족의 역사를 삭제하거나 한족의 역사로 바꾸기도 했다.

삼가주석_ 배인·사마정·장수절

《집해》 편찬자 배인은 자가 용구龍駒이며 남북조시대 남조 송(420~479)의 하동 문희(현 산서성 문희현) 출신이다. 진수의 《삼국지》에 주석을 단 배송지의 아들로 《사기집해》 80권을 편찬했다.

《색은》 편찬자 사마정은 자가 자정子正으로 당나라 하내(지금 하남성 심양) 출신인데 굉문관 학사를 역임했다. 사마천이 삼황을 삭제한 것을 문제로 여겨서 〈삼황본기〉를 추가했으며 위소, 두예, 초주 등 여러 주석자의 주석을 폭넓게 모으고 자신의 견해를 덧붙여 《사기색은》 30권을 편찬했다.

《정의》 편찬자 장수절은 당나라의 저명한 학자로, 개원 24년(736) 《사기정의》 서문에 "30여 년 동안 학문을 섭렵했다"고 썼을 정도로 《사기》 연구에 몰두했다. 그가 편찬한 《사기정의》에는 특히 당나라 위왕 이태 등이 편찬한 《괄지지》를 폭넓게 인용한 것을 비롯해서 역사지리에 관한 내용이 풍부하다.